本书由教育部人文社会科学研究青年基金项目
"教育信息化背景下中小学卓越教师成长的机制和路径研究"资助

U0655076

21世纪 教师的核心素养

ERSHIYI SHIJI JIAOSHI DE HEXIN SUYANG

桑国元 郑立平 李进成 / 著

北京师范大学出版集团
BEIJING NORMAL UNIVERSITY PUBLISHING GROUP
北京师范大学出版社

图书在版编目(CIP)数据

21世纪教师的核心素养/桑国元,郑立平,李进成著.—北京:北京师范大学出版社,2017.9(2019.1重印)

ISBN 978-7-303-22764-8

Ⅰ.①2… Ⅱ.①桑… ②郑… ③李… Ⅲ.①教师素质 Ⅳ.①G451.6

中国版本图书馆 CIP 数据核字(2017)第 216132 号

营销中心电话　010-58802181　58805532
北师大出版社职业教育与教师教育分社网　http://zjfs.bnup.com
电子信箱　zhijiao@bnupg.com

出版发行:北京师范大学出版社　www.bnup.com
　　　　　北京市海淀区新街口外大街 19 号
　　　　　邮政编码:100875
印　　刷:三河市兴达印务有限公司
经　　销:全国新华书店
开　　本:787 mm×1092 mm　1/16
印　　张:13.5
字　　数:200 千字
版　　次:2017 年 9 月第 1 版
印　　次:2019 年 1 月第 6 次印刷
定　　价:36.00 元

策划编辑:郭　翔　　责任编辑:路　娜　郭　翔　伊师孟
美术编辑:焦　丽　　装帧设计:焦　丽
责任校对:陈　民　　责任印制:陈　涛

版权所有　侵权必究

反盗版、侵权举报电话:010-58800697
北京读者服务部电话:010-58808104
外埠邮购电话:010-58808083
本书如有印装质量问题,请与印制管理部联系调换。
印制管理部电话:010-58808284

前　言

　　迈入科学、技术飞速发展和知识、信息大爆炸的 21 世纪，人类开始面临更多的诘难：如何应对时代变革对人类生活的挑战？如何更加富有创造性地生活、学习和工作？如何通过学校教育培养时代所需之人才并使其具备终身学习的能力和素养？面对这些诘难，诸多国际组织、研究者和思想家开始思考、讨论并研究 21 世纪学生发展核心素养框架，这些框架已经或正在对学校教育及其课程变革产生重大影响。①

　　反观我国的教育理论和实践，21 世纪开始十多年以来，尚未完全走出基础教育课程改革和教育传统势力之间的争议甚至博弈。可以说，当前我国教育的革新，无法完全脱离千百年来形成的社会文化和教育传统惯性的束缚。然而，没有变革就缺乏希望。中国教育之变革，依然要保持主动积极的态势以及开放包容的模式。21 世纪学生发展核心素养框架或许能够为当前我国学校教育变革带来新的思路。2014 年，教育部开启学生发展核心素养体系的研制。2016 年 9 月 13 日，中国学生发展核心素养研究成果发布会在北京师范大学举行，备受社会关注的中国学生发展核心素养总体框架正式发布。在此背景下，进一步梳理国外有关核心素养的讨论，对于深入思考我国教育实践变革有重要意义。

一、21 世纪公民与学生的核心素养

　　为了培养 21 世纪学生的核心素养，美国 21 世纪学习联盟（Partnership for

---

　　① 桑国元：《国外 21 世纪学生发展核心素养的讨论及启示》，载《教育科学研究》，2016(12)。

21st Century Learning，以下简称 P21）于 2002 年成立。该组织将 21 世纪学生应具备的基本技能进行整合，制订《21 世纪学习框架》，并以合作伙伴的形式将学校、企业、社区以及政府部门联合起来，力求在学校教育中培养学生的 21 世纪核心技能和素养。[①] P21 的成立标志着美国提高了对培养 21 世纪高素质人才的重视程度。P21 强调如下技能：信息和通信技能、思维和问题解决技能、人际和自我指导技能以及使用 21 世纪工具（例如信息和通信技术）的技能。[②]

　　图 1 呈现了 21 世纪学生所需知识与技能的构成要素，即学生在 21 世纪成功地工作和生活所需要掌握的技能、知识和专长。《21 世纪学习框架》表明，当今时代学生最需要掌握的学习内容包括：第一，核心课程（包括阅读、写作、语文、外语、美术、数学、经济、科学、社会学科、地理、历史、政治）；第二，学科主题（包括金融、健康和环境素养）；第三，21 世纪的关键技能和素养（包括学习与创新技能，信息、媒体与技术技能以及生活与职业技能）。[③]

　　而研究者的聚焦点在于对这一框架的对比分析、批判改进、实证研究等方面。例如，托尼·瓦格纳（Tony Wagner）的研究提出学生应该具备的七项核心素养[④]：批判思维和问题解决、协作和领导力、灵活性和适应性、主动精神和创业精神、有效的口头和书面交际、获取和分析信息、好奇心和学习力。教师需要在日常的课堂教学中引领和帮助学生养成上述七项"生存技能"。米什拉（Punya Mishra）和克莱雷克（Kristen Kereluik）总结 21 世纪学习的三类知识：一是基础知识，包括核心内容知识、信息素养和跨学科知识；二是元知识，包括问题解决和批判思维、交流和协作、创性和变革；三是人文知识，包括工作

　　[①②]　Partnership for 21st Century Learning, "Framework for 21st century learning," http://www.p21.org/our-work/p21-framework, 2017-06-15.

　　[③]　桑国元：《国外 21 世纪学生发展核心素养的讨论及启示》，载《教育科学研究》，2016(12)。

　　[④]　Tony Wagner, "Rigor Redefined," *Educational Leadership*, 2008, 66 (2), pp. 20-25.

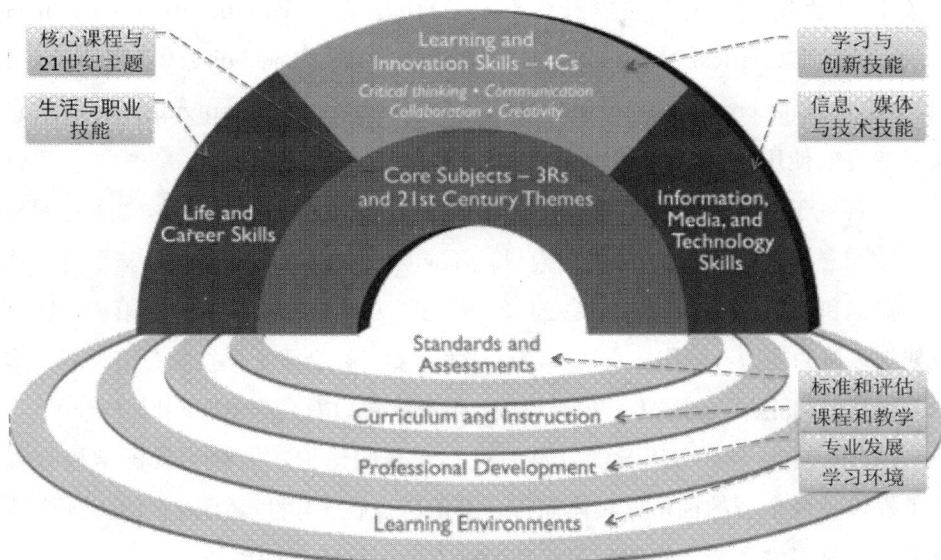

图 1　21 世纪学生能力和支撑体系①

和生活技能、文化能力、道德和情感意识。② 帕特里克·格里芬(Patrick Grif-
fin)等人试图对 21 世纪学习作出界定③：(1)思维方式(创新和变革，批判思
维，问题解决和决策)；(2)工作方式(沟通，协作和团队工作)；(3)工作工具
(信息素养，信息通信技术素养)；(4)生活方式(作为地方和全球的公民)。基
于前人的研究，尤其是福德(Joke Voogt)和罗宾(Pareja Robin)的综述，④ 我

---

① Partnership for 21st Century Learning, "Framework for 21st century learning," ht-
tp://www.p21.org/our-work/p21-framework, 2017-06-15.

② Punya Mishra, Kristen Kereluik, "What 21st Centery Learning? A review and A
Synthesis,"Society for Information Technology & Teacher Education International Confer-
ence, 2011, pp. 3301-3312.

③ Patrick Griffin, Esther Care & Barry McGaw, "The Changing Role of Education
and Schools,"in *Assessment and Teaching of 21st Century Skills*, ed. Springer, Nether-
lands, 2012, pp. 1-15.

④ Joke Voogt, Natalie Pareja Roblin, "A comparative analysis of international frame-
works for 21st century competences: implications for national curriculum policies,"*Journal
of Curriculum Studies*, 2012, 44(3), pp. 299-321.

们关于 21 世纪学习的关注焦点在于：（1）协作学习（collaborative learning）；（2）批判思维（critical thinking）；（3）自我指导学习（self-directed learning）；（4）创造性思维（creative thinking）；（5）问题解决（problem solving）；（6）信息技术的有效使用（meaningful use of ICT）。

尽管关于 21 世纪能力和学习的讨论框架在聚焦点上存在差异，"所有的框架一致同意在'21 世纪能力'范围内讨论不同学习能力的重要性"。基于这一认识，福德和罗宾分析了不同框架关于 21 世纪能力讨论的共同之处：第一，所有框架都强调的能力：协作，交往，信息技术素养，社会或文化技能；第二，大多数框架强调的能力：创造力，批判思维，问题解决以及高产出（productivity）。①

《21 世纪学习框架》以及学生发展核心素养的讨论，能够为我国学校教育变革提供一种全新的视角。具体而言，其落脚点在于学生学习方式的持续变革以及支撑学习方式变革的课程革新和教师专业发展模式的创新。

第一，学业评价体系的变革。在《21 世纪学习框架》中，学生的批判思维、创造性思维和问题解决能力作为学生"学习力"的重中之重被学者提及。这些也是我国学生相对缺乏的思维和能力。因此，要充分发挥评价机制的导向功能，通过变革学业评价体系，将批判思维、创造性思维和问题解决能力的考察作为学业评价中的重要内容，从而在根本上超越对于知识点的死记硬背式学习和知识储存程度的测查。③

第二，教与学方式的变革。21 世纪伊始，我国基础教育新课程改革倡导学生学习方式的变革：自主学习、探究学习和合作学习。基于对《21 世纪学习框架》的讨论，教与学方式的变革还体现在学习过程中信息技术的有效使用以及协作学习、自我指导学习等学习方式的灵活运用。只有将诸如此类的技能融

---

① Joke Voogt，Natalie Pareja Roblin，"A comparative analysis of international frame-works for 21st century competences：implications for national curriculum policies，"*Journal of Curriculum Studies*，2012，44(3)，pp. 299-321.

③ 桑国元：《国外 21 世纪学生发展核心素养的讨论及启示》，载《教育科学研究》，2016(12)。

入日常教学中，才能使学生有效掌握上述技能。因此，深化基础教育课程改革，需要在有效整合信息通信技术的基础上，持续深度变革教与学的方式。①

第三，教师专业发展模式的变革。为了有效培养 21 世纪的技能，需要一些支持系统，例如，标准和评估、课程和教学、专业发展、学习环境等。其中，我们认为，变革教师专业发展的模式，是支撑 21 世纪技能培养的核心因素。我国基础教育新课程改革以来，教师专业发展的模式虽然有了较大变革，但仍然无法满足时代发展和学校教育整体变革的需求。因此，变革教师专业发展模式，使教师能够从理念、思维、行为和态度等方面发生转变，才能有意识地培养学生的 21 世纪技能。②

二、21 世纪教师的核心素养及其培育

进入 21 世纪，许多国际组织（如经济合作与发展组织，联合国教育、科学及文化组织等）和研究者（如琳达·达玲·哈蒙德，Linda Darling-Hammond）开始关心 21 世纪的学生应该如何更加有效地学习，以及应该具备哪些能力和素养的话题。他们主张，21 世纪学习，其特征应该包括：协作学习、批判思维、自我导向学习、创造性思维、问题解决以及信息通信技术的有效运用等。为了能够帮助学生实现这些学习目标，需要从教师层面上提供强有力的专业支持，因此卓越教师的培养也顺理成章地成为世界各国所关注的焦点之一。关于卓越教师，长期以来，不同文化语境下的研究者力图回答这样的问题：什么是评判卓越教师的标准？他们有何共同特征？早在 1930 年，巴尔（Barr）和恩罗斯（Emans）利用教师评定量表归纳了优秀教师的特征，它们是：合作（乐于助人、忠诚），个人魅力，个人外表，兴趣广泛而浓厚，体谅他人，领导能力。1931 年卡特尔（Raymond B. Cattell）要求一些教育管理者、教师培训者、学生和教师写下优秀教师的 7 个最重要品质，结果发现，有 5 项品质出现的频率最

---

①②　桑国元：《国外 21 世纪学生发展核心素养的讨论及启示》，载《教育科学研究》，2016(12)。

高，它们是：性格和意愿，智力，善良和机智，思想开放或开放的心态，幽默感。这些研究的过程显然是很有实践价值的。到了 21 世纪，迈纳(Minor)等人(2002)总结了优秀教师的 7 个指标：学生中心，有效的班级管理，胜任力强，师德良好，对教学富有热情，学科知识渊博，专业性强。

21 世纪，"知识核心时代"将真正走向"核心素养时代"，学校的任务不再是一味地灌输知识，而是给学生未来的发展提供核心能力。同时，时代和科技的发展对教师的能力与素养提出巨大的挑战，知识正在以几何级速度增长，获取知识的通道变得平等而开放，教师不再拥有"知识霸权"地位，教师与学生第一次以相同的"学习者"的身份出现。近年来，国内外教育理论研究者、政策制定者和实践者非常关注学生核心素养的研究和培育。但是，学生核心素养的培育无法离开教师的核心素养而独立完成。学生核心素养培养的前提与根本应该是教师核心素养，离开教师核心素养谈学生的核心素养是不现实的。教师核心素养的高低将在很大程度上决定培育学生核心素养这一理念能否在教育实践中真正落实。总之，研究教师的核心素养迫在眉睫。基于前人的研究基础，结合 21 世纪的时代背景，本书对教师核心素养进行了讨论，梳理出三大类型八个素养。

(一)师德与理念素养

1. 师德素养

师德素养，是教师在教学实践中所应遵循的道德规范和基本准则。但是，面对历史进步和社会发展，在新的教育发展背景下，教师应以什么样的视角客观地审视、解读或提升师德的内涵和价值？师德是否应该被赋予一些新的内容和新的要求？怎样才能抓住师德的核心，既能维护教师的职业尊严，又能规范教师的专业发展？在与时俱进中，怎样才能进一步凸显师德的自觉性、示范性、深远性……

2. 教育理念素养

本书将主要从教育观、教学观、学生观三个方面阐述教育理念素养，以历史视角、国际视角、当下视角加之以教育关键词来揭示教育的内涵，从不同的层面反映教育者的理念素养。

（二）知识与能力素养

1.知识素养

在历史上，教师是作为知识代言人的形象出现的。教师因为拥有知识，可以对青少年进行有目的性的培养，所以被社会尊重。知识素养是教师所拥有的经验、体验和信念的整合体，具有整合性、场景性和多元表征性等特点，不仅是教师教育教学活动的直接支撑，更是教师专业发展的重要基础。然而，在当下，知识大爆炸已不是新闻，知识获取方式也发生了根本性的变化，不同类型知识的价值今非昔比……这些问题都要求今天的教师必须不断更新、完善自身知识的结构、广度、深度以及与生活的关联强度等。教师只有紧扣知识的脉搏，方可走向教育的幸福。

2.教育教学能力素养

师者，所以传道授业解惑也。讲台是教师终身劳动与创造的舞台，课堂的教育教学能力是教师的立身之本，因此，教师必须具备一定的教育教学能力素养。进入 21 世纪，建构主义、多元智能理论的发展，对教师的教学能力提出一些新的要求。朱永新教授如此描述教师职业：我心中的理想教师，应该是一个胸怀理想，充满激情和诗意的教师；我心中的理想教师，应该是一个追求卓越，富有创新精神的教师；我心中的理想教师，应该是一个勤于学习，不断充实自我的教师。在新课程改革的背景下，教师只有不断提升教育教学能力素养，才能够成为教育改革大潮中的弄潮儿。

（三）综合素养

1.人文素养

林崇德教授的学术团队把支撑学生核心素养的文化基础分为人文底蕴和科学精神。培养学生的人文底蕴离不开教师的人文素养。邓小平说："一个学校能不能为社会主义建设培养合格人才，培养德智体全面发展、有社会主义觉悟的有文化的劳动者，关键在于教师。"①因此，本书将围绕人文素养的内涵、人文素养的基本指标、礼仪修养三方面内容展开论述。

2. 信息素养

对于学生而言，信息素养作为终身学习的促进因素，不仅能够帮助学生提高自主学习的能力，提高管理、评价和利用信息的能力，还能提升学生在信息安全、信息伦理等方面的责任感。《中小学信息技术课程指导纲要（试行）》中明确指出："培养学生良好的信息素养，把信息技术作为支持终身学习和合作学习的手段，为适应信息社会的学习、工作和生活打下必要的基础。"为了培养学生的信息意识，适应数字化时代背景和教育信息化的深入发展，教师必须具备良好的信息素养，才能适应课程变革和教育发展的需要，才能更新教育观念，接受新的教学模式和教学方法，才能发挥信息技术的长处，创设新型数字化教学环境，优化教学过程，提高教学质量。可以说，教师的信息素养水平体现了教育信息化的水平，是推动教育信息化发展的重要基础。

3. 研究素养

培养教师的研究素养和能力，是提高教师综合教育教学水平的关键。那么，如何引领教师通过校本研究、行动研究、个案研究等形式，反思和研究自己在教育中存在的问题，关注学生的学习风格和性格特点，有针对性地开展教育教学，提升教育教学的有效性，这就涉及教师的研究素养。为了提升教师的研究素养，教师要养成阅读和撰写教学反思的习惯，同时应具备问题意识、证据意识和成果意识。

4. 自主发展素养

教师的职业特点决定了要想成为一名优秀的教师，个人本身一定要有自主发展的素养。围绕这一点，本书将从终身学习能力、合作与交往能力、批判与创新能力三个方面讨论教师的自主发展素养。终身学习能力取决于教师的职业定位和职业规划，教师需要根据不同的职业发展特点进行有针对性的学习。合

---

① 邓小平：《邓小平文选》第 2 卷，87 页，北京，人民出版社，1994。

作与交往能力强调的是与同事、学生、家长的沟通原则和方法。批判与创新能力重点对批判思维进行系统分析，并结合职业特征谈教师的创新思维和创新应用。

有关教师质量、高效教师、有效教学等诸如此类的话题，以及教师应该具备的核心素养的内涵与特征的讨论，将会随着社会的不断发展而持续下去。本书关于 21 世纪教师核心素养的讨论，虽然力求整合国内外学者的观点，但能否得到广大教师的认同，尚待通过实证研究加以验证。

目　录

第一编　师德与理念素养

第二编　知识与能力素养

第三编　综合素养

第一编

师德与理念素养

第一章　师德素养

　　道德是人类在社会生活中为了调整人与人之间，以及人与社会之间的关系，依靠内心信念、社会舆论和传统习惯所维系的行为规范的总和。它以善与恶、荣与辱、是与非等作为评价标准，并逐步形成一定的习惯和传统，以指导或控制人们的言行。道德是人类在历史发展过程中社会物质生产和生活实践的积淀反应。自古以来，"道"表达的是事物运动变化的规律以及人们必须遵循的社会行为准则、规范、规矩和公约。"德"就是"得"，指人们认识"道"、遵循"道"，内得于己，外施于人的济世情怀，简单地说，就是把内心对真善美的认识和理解用言行做出来。古今中外的很多思想家，探讨过道德的内涵、起源、原则、规范、理想和评价等问题，这些奠定了我们今天认识的"道德"的基础。

　　《论语》有云："君子之德风，小人之德草，草上之风，必偃。"这里的"德"就是指人的品质和品行，而"以德报德"指人的行为，"为政以德"则指施行道德教化。荀子《劝学篇》中云："故学至乎礼而止矣。夫是之谓道德之极。"意思是说，如果做任何事情都能依"礼"而法，就能够到达道德的境界。这与孔子的"不学礼，勿以立"的思想是一脉相承的。因此，道德从外在的言行向内在的思想品质、修养程度、善恶评价的思想评判靠近，在这种由个体思考向大众需求靠近的道德教育活动中，道德的价值认同在行为结论上具有了鲜明的意义。

　　西方古代文化对"道德"的解读，主要指向风俗、习惯，也包括了原则、规范、品质及善恶评价的含义。尽管东西文化有所差异，但将"德"视为一个人做人做事的根本，在这一点上二者是相通的。

师德是教师必须具备的核心素养之一，也是建构其他核心素养的重要基础。师德，简单来说就是社会发展对教育工作者"德"的基本要求，即教师职业所应遵循、恪守的规范和准则。今天所研究的师德问题，听起来好像是老生常谈，但在教育实践中却不容忽视，要永远摆在首位，并且不断赋予其新的内涵。

"德"的本意，就是恪守道德规范的"操守""品行"。现在经常用"教书育人""为人师表"等思想和行为方式来诠释教师的师德，然而随着社会文明的进步和教育的不断发展，对教师来说，师德不仅要传承，更要发展；其内涵也不仅仅限于规范和约束，更扩展为保护和引领。在核心素养背景下，师德的重点是什么？教师该如何更好地遵守师德的标准和要求？如何化解对于师德的困惑？如何规避师德风险？探讨这些问题，将为教师在工作中遇到的困惑和问题提供一种解决的思路，同时也有助于开展师德教育，提升教师的师德素养，促进教师的专业发展。

第一节　家国情怀

今天，我们谈到师德素养，往往围绕着爱岗敬业和关爱学生两个方面，却常常忘记或忽略其基础和底线——家国情怀。家国情怀，是指一个人对自己国家和人民所表现出来的深情大爱，是对国家富强、人民幸福所展现出来的理想追求，是对自己国家高度认同的一种归属感、责任感和使命感。因此，家园情怀是教师师德素养的重要基础，它是一种高尚的道德情感，体现出教师对祖国的感情，是每位教师应该履行的责任和义务。

教育事业是兴国之本，因此每位教师都应恪尽兴国之责。每个人都应把自己的事业和理想与国家和民族的发展相结合。今天，在中华民族伟大复兴的征程中，教师要有一种历史责任感和使命感，敢于担当、勇于奉献，以主人翁的姿态为国家进步、民族复兴、社会主义事业的蓬勃发展增光添彩。

家园情怀的核心是爱国主义。爱国主义从内涵上来看，有三个层次：首先表现为一种情感，对自己祖国的一种归属感、认同感、尊严感和荣誉感，其次这种情感随着理性的认识要升华为爱国思想，最后爱国思想要转化为爱国行为。也就是说，热爱祖国不仅表现在热爱自己生活的地域，而且要关心国家的前途和命运；不仅表现在对祖国的深厚情感上，还体现在为祖国的繁荣富强而努力奋斗的行动上。正如苏霍姆林斯基所说：对祖国的忠诚要靠忠诚地为祖国服务来培养。

教师必须提高认识，肩负起历史赋予我们的伟大使命，忠于党和人民的教育事业。师德不仅是个人修养问题，还关系到整个教育的质量。所以教师在日常的教学工作中，必须树立爱国意识，培育爱国情怀。一名教师具有了爱国主义思想，那么他就会把自己的工作与国家的繁荣昌盛联系在一起，就有了为祖国的教育事业而献身的崇高理想和信念。在教育教学工作中，教师就会把爱国主义思想转化为爱国的行动。例如我国著名的教育家陶行知，他从国外留学回国后当上了教授，后来又放弃了优厚的教授生活，谢绝了武昌高等师范学校（武汉大学的前身）和金陵大学校长的盛情邀请，脱去西装，穿上布衣草鞋，告别城市繁荣舒适的生活，开始了乡村教育运动。可以说，我们国家的教育发展史，就是一群饱含教育情怀的教师为国为民的奋斗史。北京景山学校著名特级教师马淑珍老师是这样说的："我虽然天天战斗在三尺讲台前，每节课教儿童识几个汉字，但这几个汉字却连着祖国。"这句话极大地震撼着我们，是的，一名教师对祖国的爱，就应该像马老师那样体现在日常教学的每一个细小的环节上。所以教师在日常教学工作中，必须树立家国情怀。

一滴水要想永恒，就必须汇入大海。一名教师只有自觉地把自己的责任和使命汇入整个国家、民族的发展洪流中，才能实现自身的价值。爱国，是教师精神的支柱、动力的源泉，希望每位教师把自己对祖国的爱转化为一种动力，在教育教学工作中勤勤恳恳、不屈不挠，为祖国美好的明天贡献自己的一分力量。

第二节　职业认同

在教师的师德素养建设中，我们不得不谈一个非常重要的问题——教师的职业认同。教师作为一种职业，可以说是非常忙碌琐碎、容易让人倦怠的。因为在工作中，教师要承担知识传授者、活动组织者、关系协调者、纪律维护者等各种各样的任务与角色。这种复杂性与艰巨性给教师的职业操守和道德规范带来极大的影响与挑战。许多教师因为不会自我调适，不但工作难以做出成效，自身也容易陷入迷茫与倦怠，从而导致教学效率低，教学成果不突出。

一、职业认同是教师从事教育教学工作的前提，也是教师获得职业幸福感的基础

自从积极心理学掀起了心理学领域的革命以来，教师职业认同就被业内广泛关注。教师职业认同，既指一种过程，也指一种状态。"过程"是指教师从自己的经历中逐渐发展、确认自己的教师角色的过程；"状态"是指教师当前对自己所从事的教师职业的认同程度。简单来说，就是教师在心里认为所从事的职业有价值、有意义，并能够从中找到乐趣。

教师职业认同是教师实现自我成长的内在动力，一些教师抱怨工作的主要原因是缺乏对自己职业的足够认同。从教师专业发展理论来看，1～3 年是新教师的入职适应期，新教师在入职后的前 3 年中，要完成从学习者向教育者的身份转变，要面临着适应新环境、独立开展工作、教好一门课等问题。如果顺利适应则会促进教师本人对自己职业的认同；反之，则会阻碍教师职业认同感的形成。

教师的职业认同需要一个过程，即便是从师范院校毕业且决定从事教师职业的准教师也不能说真正完成职业认同，因为他们还没有到职业中尝试，他们需要深入自己的职业，全面了解自己的职业。刚走上教师岗位的新教师要接受老教师听课后的点评，难免感觉忐忑不安，担心他们对自己的课提出意见。入

职久了，慢慢对听评课习惯后，新教师就不再对老教师的评课忐忑不安了，反而希望老教师对自己的课多提出一些好的改进建议。这算是对自己职业的一种模糊认同。

我曾用过一个比喻来跟年轻教师谈职业认同问题。从事教师职业和形成职业认同，就如同结婚和恋爱的关系。你是先结婚后恋爱，还是先恋爱后结婚的？如果当初就志愿当教师，又对教师职业有一定了解，进入职业就适应快，对岗位角色的认同度会高，这种就如同先恋爱后结婚的；如果是出于其他原因选择了教师职业，对教师职业不了解，遇到困难容易迷茫，这种就如同先跟职业"结婚"但没深厚感情，需要在工作中慢慢培养感情，让自己喜欢上教师这份职业。当然，后者也可能发现自己仍然不喜欢教师这份职业，最后只好"离婚"了。

教师如果把教师职业仅仅看成是谋生的手段，往往在面对现实困难时，会削弱对自己职业的认同感。有这样一则小故事：三个建筑工人造房子，有人问他们在做什么。第一个人回答，我在造房子；第二个人回答，我在挣钱；第三个人回答，我在建造最美丽的建筑。与之类似，教师也一样，如果只看到了工作本身，或者把教师职业看作一种谋生手段，都不如把教师职业看成针对学生灵魂的工作来得让人敬畏。故事中第三个人才是从内心对工作认同，因为他看到了工作过程中的意义和价值。教师能不能发现工作的意义和价值，对工作创造性、积极性的发挥都很重要，否则教师就可能成为贩卖知识的工具。所以，我们要把教育当作一种事业，而不仅仅是职业。

如今，教师职业认同感普遍比较低是一个事实。研究显示，不切实际的学生观、不恰当的专业观会带给教师的职业挫败感，不利于教师形成健康的职业认同感。

教师职业有这样两种职业状态：一种是"用生命回应职业的需要"，另一种是"用职业实现生命的价值"。如今，很多教师处于第一种状态中，教师职业被作为一种谋生的手段，工作和忙碌只是源于外在的职业要求，一旦得不到应有的报酬、职称、荣誉等，就很容易失去价值感；第二种是通过职业体现生命的价值，这类教师在教育中实现了自我，在他的内心中，教育本身就是很有价值和意义的事情。真正愿意投身教育的人，会对职业充满热情与动力。成都市武侯实验中学校长李镇西就是把职业作为"一种生存状态"来对待的。他说："我的教育不为领导，不为职称，不为荣誉，只为这就是我的乐趣本身。"在他看来，对职业的态度决定了对生活质量的态度。如果把从事教育工作所带来的烦躁、苦恼都看成生活的组成部分而不是职业本身所带来的，就会从容很多。因为你会觉得是"为自己而活，而不是为别人"。

教师对自己以及所从事的职业特点有一个清晰的认识，对于适应工作、产生职业认同很重要。比如，教师对自己性格、兴趣、能力、价值观等有清楚的认识，并且对工作的环境、经济状况、学校的发展战略等也有清楚认识，如果确实感觉从事的工作不适合自己，或者觉得和自己的价值观难以匹配，就可以考虑换工作。当然，这个结论也不是轻易就能得出的，因为认同需要一个过程。如果觉得自己的性格、兴趣等和工作可以匹配，那就要做出自己的职业选择，确立自己的职业目标，执行自己的行动计划。这其实也是一个自我规划的过程，有的教师可能更适合做教育教学研究，有的喜欢教书育人，有的喜欢参与行政管理，但无论做什么选择，只要适合自己，走下去，就一定能够慢慢提升自己的职业认同感。

当然，提升教师职业认同感的途径是很多的，这还需要广大教师在工作实践中继续发现、摸索。

二、聚焦专业成长，调适工作心态，努力创造职业幸福，进而升华自己的职业情感和信仰

职业认同是教师职业发展的前提，这好比学生需要具有端正的学习态度一样，没有好的学习态度，学业不可能优秀。教师职业认同，不单单是一种职业情感状态，还是一个不断深化的过程。职业认同是教师对职业的一种积极情感，这种积极的情感的深化、维持，有赖于教师的专业成长，有赖于教师在自己的职业中创造属于自己的幸福。如果没有专业成长和职业幸福感的创造，原

本的职业认同感也会消失。

我的工作室团队中有一位张老师，在 2009 年加入工作室时她已经 44 岁，是学校的业务骨干。作为一位中年女教师，在外界看来工作似乎可以不那么拼了。但是，她每天晚上都积极参加读书、教研，坚持与来自全国各地的优秀教师交流学习，提升自己的专业素养，结果在 50 岁左右的时候，她又迎来了自己事业的新发展。由于在家校合作领域做出了自己的特色，她应邀到全国各地做讲座，还先后被云南、山西、河南、河北等多个地区的学校聘为教师成长发展顾问。2016 年，这位张老师获得全省最美教师、全国优秀班主任等荣誉称号。目前已是高级职称的她仍坚守在班主任工作一线，而且工作干得有声有色。一线教师，又做班主任，在很多教师看来是又苦又累的工作，张老师却做得有滋有味，体验着自己的职业幸福。

张老师的故事有两点特别值得广大教师思考：

一是，专业成长没有所谓年龄限制。专业成长对于教师而言，至少要到他离开工作岗位的那一刻才会结束。专业成长了，教师才能在职业中获得更多自我效能感，才能体验到更多的创造和成功的喜悦。一位教师如果不能与时俱进地提升专业素养，总是凭着经验做事，那么在面对不断变化的教育实践时难免落伍，或者遭遇挫败。当教师对工作产生无力感、挫折感的时候，就容易产生倦怠，甚至厌烦自己的工作。所以，专业成长对教师来说必不可少。

二是，通过自身的专业成长获得职业幸福感。随着职业认同的深化，教师会全力提升自己的专业能力，由此带来的职业成就感会让教师体验到作为职业人的价值和幸福，而这种职业幸福感应该成为教师的追寻目标。然而，这种职业幸福感不是外界给的，而是需要教师自己来创造。职业幸福感是一种主观的意识状态，有关心理研究表明，福利待遇、职称等外界客观因素对它的影响不到 40%，所以国外把幸福感称为主观幸福感（subjective well-being）。教师的专业成长对教师获得职业幸福感有重要意义，那么，教师的专业成长有哪些方法或路径呢？

第一点，就是养成良好的反思习惯。反思是很多优秀教师成长的重要方法。教育教学是实践性的,很多时候是没有人来为教师做评价的,因此需要教师好好反思自己,这样才能找出自身的优势和不足,改进自己的教育实践。叶澜教授曾说,一个教师写一辈子教案难以成为名师,但如果写三年反思则有可能成为名师。可见,反思对教师成长有重要作用。这里说到了反思,不得不说教育写作,教育写作就是一种很好的反思方式,写作的过程就是一个思考的过程。形成文字之后,教师可以随时回过头来审视自己。朱永新教授曾经大力倡导教师进行教育写作,通过教育写作促进专业素养的提升。

第二点,是读书和与人交流。教育已经存续了几千年,一些圣人先贤以及国内外教育专家对之都有很深的研究,一些教育中的问题,他们早已进行了深刻的思考并做出了准确的回答。很多时候,一些问题的解决之道没必要再去费力独自摸索,这就需要教师多去读有关教育类的优秀书籍,和这些优秀的教育者实现对话,借助他们的教育思想来指导我们的教育实践。另外,就是重视和身边以及全国的优秀教师进行对话交流。通过跟优秀教师交流,学习别人的经验,不仅可以更加清楚地认识到自己面对的问题,还可以促进自己的专业提升。

第三点,是参与一个教师成长共同体。一个教研组或者有组织的几个人都可以看成是一个成长共同体。目前,全国有很多名师组建了自己的成长共同体,引领年轻教师的成长,大家在一起交流,共同讨论遇到的实际问题,进行思想的碰撞与提升,这是非常好的成长途径。

第四点,是做好职业规划。很多教师不善于规划职业发展,这容易让自己走到哪里算哪里,缺乏职业目标和动力,不利于自己的发展。职业规划可以让教师明确职业定位,选择适合自己的职业发展路径,有目标、有步骤地进行专业成长。

当然,仅仅通过提升专业素养来实现职业幸福是不够的,教师还要学会善于调节自己的心态,只有学会自我调节才能让自己永葆教育热情。那么,教师在职业中该如何调适自己的心态呢?

首先,教师需要认清自己为何工作。记得有这样一个故事:一群孩子在一位老人家门前嬉闹，叫声连天。几天过去，老人难以忍受。于是，他出来给了每个孩子 25 美分，对他们说："你们让这儿变得很热闹，我觉得自己年轻了不少，这点钱表示谢意。"孩子们很高兴，第二天仍然来了，一如既往地嬉闹。老人再出来，给了每个孩子 15 美分。他解释说，自己没有收入，只能少给一些。15 美分也还可以吧，孩子仍然兴高采烈地走了。第三天，老人只给了每个孩子 5 美分。孩子们勃然大怒，"一天才 5 美分，知不知道我们多辛苦!"他们向老人发誓，他们再也不会为他玩了! 这个故事值得思考，身处教育中，教师在为谁而"玩"呢? 为自己，还是为他人，或者为了金钱? 我想我们置身教育不要为一些外在因素控制我们追求的方向，从而忘记了自己选择教育事业的初心。我们要为实现自己的人生价值而教，为了追求自己的教育理想而努力!

其次，教师要用积极的视角看待自身的教育生活。我在与教师交流的过程中，常常遇到牢骚满腹的教师，抱怨环境、抱怨领导、抱怨教育制度。当教师把目光总是聚焦在教育中的那些消极因素时，就容易忽略教育中的美景和教育中的积极体验。这让我想起了一个经典教育故事：陶行知先生在做校长时，一天，在校园里看到一名男生正想用泥巴砸另一个同学。陶行知及时制止了他，同时令这个学生放学后去自己的办公室。放学后，他回到办公室，发现那名男生正在等他，便掏出第一颗糖递给他："这是奖励你的，因为你很准时，比我先到了。"接着又掏出第二颗糖："这也是奖励你的，我不让你打人，你立刻就住手，说明你很尊重我。"该男生将信将疑地接过糖。陶行知又掏出第三颗："据了解，你打同学是因为他欺负女生，说明你有正义感。"这时那名男生已经泣不成声了："校长，我错了。不管怎么说，我用泥巴打人是不对的。"陶校长这时掏出第四颗糖："你已经认错，我们的谈话也结束了。"陶先生以出其不意的奖励，圆满地达到了教育的目的。面对一个犯错的学生，陶先生却以积极的视角来看他，这种处理问题的方式值得我们学习。著名心理学家弗兰克说过，即便是在极端恶劣的环境里，人们也有一种最后的自由，那就是选择自己生活态度的自由。

再次，教师要懂得教育的舍得之道。教师选择了教育事业，就不得不舍去一些东西，同时也会从教育中得到一些东西。教师选择了教育，就失去发大财、挣大钱的机会；选择了教育，就失去了图清闲、避劳累的环境；选择了教育，就选择了平凡；选择了教育，就选择了付出爱、付出热情、付出耐心。同样，教育会让教师得到一些东西，如果你想结交纯真的朋友，想得到童心的感染与净化，请选择教育；如果想让自己永远生活得年轻有活力，想让付出有更多意义，请选择教育；如果想延续自己的生命，让自己的思想传播下去，请选择教育；如果想追求生命的价值，让更多生命因你而精彩，请选择教育。

最后，教师要尝试与人分享自己的职业幸福。幸福感是一种主观的心理状态。有一个关于幸福感的科学研究，将被试分成四组，第一组每人每天写五件感恩的事，第二组每人每天写五件抱怨的事，第三组每人每天写五件成功的事，第四组为对照组，什么也不写。半年后，专家发现：感恩组的健康和幸福指数明显比其他三组高。

所以，教师经常写写自己的幸福日志，与大家分享自己的职业幸福，就会提升自身的职业幸福感。通过分享，学会用积极的视角看待自己的生活，用行动创造自己的幸福生活。

第三节　关爱学生

《中小学教师职业道德规范（2008 年修订）》第三条，要求教师要"关心爱护全体学生，尊重学生人格，平等公正对待学生。对学生严慈相济，做学生良师益友。保护学生安全，关心学生健康，维护学生权益。不讽刺、挖苦、歧视学生，不体罚或变相体罚学生"。

苏联教育家赞可夫说，当教师必不可少的，甚至几乎是最主要的品质，就是热爱儿童。显然，爱是教育持续发展的动力，没有爱的教育，不能算是真教育，不能算是走心的教育，当然更不能算是有生命力的教育。

爱是教育的灵魂。热爱学生是教师所特有的一种职业情感，构建起良好的师生关系，是教育得以切实开展的基础，更是搞好教育教学工作的重要因素。

热爱学生，是教师应具备的道德品质。

一、师爱，是学生成长的力量

首先，教师对学生的爱，是学生成长的力量之源，是激发学生向上的动力。教师对学生的爱，与通常的人与人之间的爱有所不同，因为它并不基于血缘关系，也不源于教师的某种单纯的个人需求，而是来源于人民教师对教育事业的深刻理解和高度责任感，来源于教师对教育对象的正确认识、满腔热情和无限希望。教师所面对的是渴望认同、呵护与关爱的学生的心灵。教师的一言一行都会给学生以情感上的滋养和温润，甚至会影响学生的一生。

其次，教师对学生的爱，不仅是对心灵的呵护，更是一种激励和引导。教师对学生的爱，会直接影响学生对科学知识获得的渴望和热爱，也会间接影响学生的身心健康和人格形成，更会长远影响学生独立的职业选择和人生道路的积极转变。

最后，教师对学生的爱，对于塑造学生的灵魂和人格是一种巨大的力量，对学生的影响之深远是教师自己都始料不及的。爱既是教师职业道德的表现，又是一种有效的教育手段。热爱学生，这是教师职业特殊性的必然要求。苏霍姆林斯基说过："一个好教师意味着什么？首先意味着他是这样的人，他热爱孩子，感到和孩子交往是一种乐趣，相信每个孩子都能成为一个好人，善于跟他们交朋友，关心孩子的快乐和悲伤，了解孩子的心灵，时刻不忘记自己也曾是个孩子。"教师如何才能做到关心爱护学生？可以参考以下几个方面。

(一)了解和信任学生

学生是有思想、有感情、有个性的活生生的人。从表面上看，学生之间的差别似乎很细微；但实际上，每名学生都受地区文化差异、经济发展状况、家庭成员结构、家庭文化程度、个人身体状况等因素的影响，每个学生都是与众不同的。

如果教师不了解、不信任学生，就不可能有对学生真正的爱，也谈不上对他们进行因材施教。教书育人，就需要教师既要了解学生的过去和现在，又要了解学生成长的家庭生活环境和经常接触的各种人和事；既要了解学生表现在外的优缺点和特长，又要了解学生的内心世界，包括他们的苦恼和忧愁；既要关注学生当前的学习状况，又要关注学生的未来发展。只有全面了解和信任学生，根据学生特点进行教育，才会收到良好的教育效果，促使学生的个性得到充分发展。

（二）做学生的良师益友

教师职业的一大特点，就是作为学生生命过程中灵魂的陪伴者。一位好的教师应当主动与学生做知心朋友，倾听他们的心声，帮助他们解决实际问题，包括内心世界的苦恼与忧愁。这样，教师才会更全面、更深刻地了解学生。

（三）爱护每一名学生

教师教书育人，是为了学生的未来。教师只有对自己的身份定位有清晰的认识，才会真正做到关心爱护每一名学生，才会宽容学生的缺点和不足，才会由此产生热爱教育事业的崇高道德情感。赞可夫说，儿童对于教师给他们的好感，反应是很灵敏的，他们是会用爱来报答教师的爱的。教师的职业幸福感，就是陪伴学生成长的喜悦。学生得到教师的爱，会将其转化为学习的动力，并且也会更加热爱和尊敬教师。

（四）对学生严慈相济

教师对学生的爱，要有利于学生身心健康发展、学习进步和良好行为习惯的培养，因此要与"严"紧密结合在一起，用有效的规范，引导学生成长。教师要严得合理，严得适当，不迁就学生，不放任学生，也不溺爱学生。教师对学生提出的要求，是学生能接受，能达到，并能自觉切实执行的。

一是要严而有理。这是指教师对学生提出的一切要求都要符合教育规律，符合科学规律，符合人生命成长的规律，符合人类发展的规律；要有利于学生的个性和身心健康的需要，有利于促进学生学业的进步和良好行为习惯的养成。

学生出现这样（或）那样的缺点和错误，正是生命成长的规律。生命成长需要挫折的历练，需要教训的警醒。因此，教师要耐住性子，稳住情绪，用智慧和道理规范学生成长的态势。爱因斯坦就说："如果学校把自己的工作建立在恐吓和人为制造的权威上，那是最糟糕不过的了，这样的反常制度会扼杀学生的健康情感和直率性格，挫伤学生的自信心。"教育过程中任何一种行为渗透，都必将使学生面临对过去原有经验的放弃，没有什么比心甘情愿地接受更重要，因此教师一定要依据教育规律来陪伴和呵护学生。

二是要严而有度。这是指教师对学生提出的各种要求都符合他们的实际情况，这就需要关注学生的"最近发展区"。如果要求过高，离实际情况太远，学生无法达到，这种严格也就毫无意义。

教师必须承认学生的思想水平、认识水平、知识水平以及理解能力的差异性，才能防止"一刀切"。有的要求对于多数学生来说可能是梦想，但对于学困生来说可能就是幻想了，因此教师要学会区分对待，适度地提出要求，这样才会收到好的教育效果。

三是要严而有方。这是指教师对学生严格要求的同时也要采取耐心、疏导的方法。伊索寓言中有这样一则寓言：太阳和风争论谁比谁强大。风说："当然是我，你看下面那位穿外套的老人，我可以比你更快地让他把外套脱下来。"说着，风便用力对老人吹，希望把老人的外套吹下来。但是它越吹，老人把外套裹得越紧。风吹累了，太阳从云后走出来，暖洋洋地照在老人身上。没多久，老人开始擦汗，并且脱下了外套。于是，太阳对风说："温和与友善永远强过激烈狂暴。"教师对学生的严格要求要取得显著成效，关键在于方法，因此在教育中耐心、温和、避免粗暴，就显得尤为重要。只有方法得当，严格才能在教育中奏效，才能培养和教育出优秀的学生。

四是要严而有恒。这是指对学生的严要求绝不能时有时无，要保持一定的稳定性，就是要坚持长久。教师既然已对学生提出某种较高标准的要求，就要要求到底，任何时候都不能放松。教师要常督促，常检查，把要求落到实处，直至学生养成良好的生活习惯和学习作风。

五是要严中求细。这是指善于从细节处发现潜在问题，及时引导和规范，防患于未然，避免酿成大错。"细"就是不放过所能了解和察觉到的任何问题。在纷繁的工作中，教师要尽力抽出时间多听、多问、多看、多想，从生活、学习、工作等多个方面了解学生，关心学生，"细"本身就是爱。教育活动中，任何再大的思维格局，如果失去了细节的张力，都只是毫无意义的流程。瑞士著名教育家裴斯泰洛齐说："每一种好的教育都要求用母亲般的眼睛时时刻刻准确无误地从孩子眼、嘴、额的动作中来了解他们内心情绪的每一种变化。"

二、尊重，走入学生的心灵

教师要在教育活动中平等地对待学生，把学生当作有思想、有感情、懂得善恶的人来看待；教师要尊重学生，相信他们具有为自己生命负责的能力，与学生以诚相见，以朋友相知，建立真正的师生感情。

学生的年龄层次、知识水平、生活经历等不及教师，但在人格上，学生与教师是平等的。不要让高高在上的教师身份和成人优势成为师生建立和谐关系的障碍，为教育活动增加难度，削弱教育效果和质量。

哈佛大学罗森塔尔博士曾在加州一所学校做过一个著名的实验。新学期，校长对两位教师说："根据过去三四年来的教学表现，你们是本校最好的教师。为了奖励你们，今年学校特地挑选了一些最聪明的学生给你们教。记住，这些学生的智商比同龄的孩子都要高。"校长再三叮咛要像平常一样教他们，不要让孩子或家长知道他们是被特意挑选出来的。这两位教师非常高兴，更加努力教学了。一年之后，这两个班级的学生成绩是全校中最优秀的。知道结果后，校长不好意思地告诉这两位教师真相，他们所教的这些学生智商并不比别的学生高。这两位教师哪里会料到事情是这样的，只庆幸是自己教得好。随后，校长又告诉他们另一个真相，他们两个也不是本校最好的教师，而是在教师中随机抽出来的。正是学校对教师的期待，教师对学生的期待，才使教师和学生都产生了一种努力改变自我，完善自我的进步动力。实际上，这是心理学家进行的一次期望心理实验，他们提供的名单是随机抽取的，通过"权威性的谎言"暗示教师，坚定教师对名单上学生的信心。这就是有名的"罗森塔尔效应"，它证明了教师对学生的态度是一种巨大的教育力量，能够改变学生的一生。

　　师德，是教育进步的保障，教育的可持续发展如果没有一支师德优良的教师队伍，一切都是空谈。教师高尚的品德，不倦的教诲，往往能使误入迷途的学生重新走上正路，成为有用之才；教师的辛勤劳动，顽强的意志，会给那些心灵上有创伤的学生带来信心和毅力。教师对工作、对学生的无私奉献，是师德中的最高境界，同时也是做人的最高境界。

第二章 教育理念素养

第一节 教育观

教育观是指人们对教育的看法。教师只有明白什么是教育，什么是真教育，才能更好地指导自己的教育教学。

一、从历史视角看教育

"育"的小篆是"ꭦ"，上面的"ㅂ"是一个头朝下的婴儿，下面的"月"是"肉"，指母亲的腹部，婴儿没出生时，头是朝下的，这样才能顺产。母亲十月怀胎，要做的就是"育"，是自内向外的一种滋养，一种润泽，一种孕育。

"教"的小篆是"ꭦ"，左下面的"ꝗ"是"子"，胎儿出生后就变成头朝上的孩子，右边的"ꝯ"很像鞭子和棍棒之类的惩戒工具，意思是在培养孩子的过程中，必要时可给孩子适当的惩戒和规范。左上面是"爻"，一说是孩子的父母，父母在给孩子做示范，孩子正弯弓曲背洗耳恭听，"教"就意味着父母的示范引领和规范；一说是算筹，教孩子学习算术，教孩子适应社会的能力；一说是绳结，小孩子在学习结绳记事。

到了汉代，"教"左边变成"孝"，易道之"教"开始向孝治之"教"变革，"以孝治天下"，以"孝"为教育内容，渗透着儒家思想和统治阶级的意志，"罢黜百家，独尊儒术"的全面性和彻底性对中国教育产生深远的影响。

"教育"一词最早出现在《孟子·尽心上》："父母俱存，兄弟无故，一乐也；仰不愧于天，俯不怍于人，二乐也；得天下英才而教育之，三乐也。"许慎的《说文解字》中对教育的解释："教，上所施下所效也，育，养子使作善也。"

纵观"教"的文字演变，它的影响是自外而内的，带有示范、指导、灌输、规范、强制的成分，而且带有必行性，具有一定的专制色彩。"育"的本义是女性生育的过程，它的影响是自内而外的，带有滋养、孕育、抚慰的成分，不求立竿见影，但求水到渠成，瓜熟蒂落。

"教"和"育"方向不同，其方法和结果也大相径庭。"教"重视的是知识的灌输，"育"重视的是生命的孕育；"教"重视学生共性的培养，"育"重视学生个性的张扬；"教"重视示范引导，"育"重视创设教育情境，提供生成土壤；"教"重视学生应试教育的分数，"育"重视学生综合素质的提升；"教"重视的是他律，"育"重视的是自律。

二、从外语内涵看教育

在英语、德语中，"教育"有"自主建构、引导、唤醒"的意思。

何为"自主建构"，就是说学生的学习不是教师教的，而是学生自主建构的。教师所能做的是为学生建构提供土壤，积极创设学生自主建构的情境，点燃学生自主建构的激情。学生在自主建构的过程中，学会自主建构知识，掌握自主建构的方法，养成自主建构的习惯，提高自主建构的能力。教师关注学生的"自主建构"，就会关注学生的已有知识，就会关注学生的学习起点，在教学目标的确立上就不会盲目，在教学内容和方法的选择上就不会盲从，就会因材施教，因人施策。

再看"引导"。学生是未成年人，是成长中的孩子。在成长的过程中，他们出现点问题是难免的，教师要正视、理解、接纳学生的问题，并积极引导学生，扶学生上马，送学生一程，这是教育者的责任。在成长过程中，学生有时是迷茫的，教师要给学生正确的价值取向，要在学生的脑海中种满文明的庄稼，这样学生的脑海中才不至于杂草丛生。学生的可塑性很强，潜力很大，教师是学生成长的引路人，肩负着帮助学生完善自我的责任。教师是学生学习的参与者、合作者、引导者，是学生合作中的"首席"，既然是"首席"，就应发挥示范作用、帮扶作用、引领作用、指导作用。

何谓"唤醒"，就是在教育的过程中不牵制、不强制、不说明、不道破，注重启迪，善于诱导。《论语·述而》中说："不愤不启，不悱不发，举一隅，不以三隅反，则不复也。"卢梭在其名著《爱弥儿》中说道："什么是好教育？最好的教育就是无所作为的教育，学生看不到教育的发生，却实实在在地影响着他们的心灵，帮助他们发挥潜能，这才是天底下最好的教育。"在教育过程中，教师要和学生一起走进教育的丛林，一起去呼吸新鲜的空气，让学生在美好的故事中得到启迪，在无言的感动之中收获智慧。

三、从当下的视角看教育

这是一个素质教育和应试教育相互博弈的时代，这是新旧教育更迭的时代。人类的发展需要素质教育，社会的进步需要素质教育，但是很多学校和教师践行的是应试教育。素质教育讲起来重要，说起来必要，可是落到实处却往往是不要。素质教育喊得震天响，但很多人依然是我行我素。

过分的应试教育，让"教"的氛围越来越浓，让教育本质越来越被扭曲，让教育的目标越来越偏离航线。教育目的窄化为学生的考分，教学内容窄化为冷冰冰的考题，教学方法窄化为大量重复的训练，教学手段窄化为累加起来比自己身高还高的考卷。在这样扭曲的教育环境的影响下，师生的心理距离越来越远，生生之间变得越来越冷漠，学生对学习越来越厌恶，学生与家长的关系越来越紧张。应试教育给大多数学生带来的不是欢乐，而是无尽的挫败感、失落感，学生的心理负担越来越重，学生的心灵找不到家园，内心充满着抱怨、憎恨、孤独和恐惧，从而造成了很多的人生悲剧。

素质教育更加重视"育"的影响，重视学生的全面发展，更加关注人的成长，关注学生的未来发展，为每个人的发展创造良好的环境，遵循教育规律，不求立竿见影，而是静待花开。教育就是等待，让学生在教师的帮助下，慢慢成长；教育就是提醒，教师时时提醒学生哪儿有暗礁，哪儿有深潭，哪儿有激流，哪儿有险滩。

过去，教师培养学生注重的是双基：基本知识、基本能力；新课程改革以后，教师重视的是三维目标：知识能力、方法过程、情感态度和价值观；现在，教师聚焦的是学生的核心素养。国家大力推进高考制度改革，学分制和学生自主选学将打破教学常规，走班教学势在必行。国家用一只强有力的手推动教育从单纯的应试教育向素质教育迈进，这必将带动基础教育改革。谁最先意识到这一点，谁就会最先走在教育改革的前列。

我们期待"教"和"育"的统一，培养的学生既要有遵规守纪的服从，又要有充满个性的张扬；既要重视知识的获取，又要重视能力的培养；既要有共性的统一，又要有个性的差异。那么如何实现"教"和"育"的统一呢？

"教"的是普遍价值的共性，这是通过"必修课"来完成的，面向全体，要求人人达标。"育"的是灵性各异的个性，这是通过"自修课"（有时也可以开发校本课程）来实现的。"必修课"和"自修课"是学生发展的"两条腿"，是实现"教"和"育"统一的必由之路，是解开应试教育和素质教育矛盾的一把金钥匙。

四、从关键词语看教育

教育是关爱。卢梭说："凡是教师缺乏爱的地方，无论品格还是智慧，都不能充分的发展。没有任何真正的教育是可以建立在轻蔑与敌视之上的，也没有任何一种真正的教育可以依靠惩罚与制裁来实现。"我国近代教育家夏丏尊说："教育之没有情感，没有爱，如同池塘没有水一样。没有水，就不成其为池塘，没有爱，就没有教育。"关爱建立在尊重与信任的基础之上，建立在宽容与乐观的期待之上。关爱存在于人与人心灵距离最短的时刻，存在于无言的感动之中。只要爱学生，就有教育学生的好办法。爱是鸟语花香，爱是细雨春风，爱是涓涓细流，爱是星星之火，爱是恒久的忍耐与恩慈，爱是人类的天使光环！爱，养人以无形，育人以无形！有人说："友情是水，爱情是酒，亲情是血。"那么师爱呢？师爱胜于友情，大于爱情，超越亲情。师爱是一团火，是一团永不熄灭的烈火，照亮孩子前进的路，用爱点燃爱，用爱传递爱！

教育是良心。世上很多事情都可以重来，唯独教育不能重来。据说，小鸡出生后 4 天之内有追随母亲的能力，8 天之内有听懂母亲声音的能力，如果在这个阶段找不到母亲，这种能力就会自然消失。人的潜能开发遵循递减法则，如果在相应的阶段，能力得不到开发，这种能力就会自然消退。狼孩的故事提醒教师，如果错过了孩子某个阶段的发展时机，以后这样的时机就再也没有了。教师尽可能不要因为自己的知识欠缺和能力缺乏而贻误学生潜能的开发，给学生造成终生的遗憾。学生美好的未来掌控在教师手中，家长的希望寄托在教师身上，教师要把学生的发展当成自己生命的一段历程。教师每天面对学生的时候，要常常这样思考，假如是我的孩子，假如我是孩子！

教育是示范。孔子说："其身正，不令而行；其身不正，虽令不从。"大教育家夸美纽斯说："除非智者，任何人都不能使别人成为有智慧的人；除非能言善辩者，任何人都不能使别人成为能言善辩的人；除非道德虔诚的信奉者，任何人都不能使别人成为道德虔诚的信奉者。"教师的衣着打扮、言谈举止会对学生产生深远的影响。学生毕竟是成长中的孩子，他们的成长受潜移默化的影响，来自榜样的力量，来自对教师的模仿，学生年龄越小，模仿性越强，学生常常拿"我们老师说的"来规范自己的言行。陶行知先生说："要学生做的事情，教职员躬亲共做；要学生学的知识，教职员躬亲共学；要学生守的规则，教职员躬亲共守。"要求学生做到的，教师们首先要做到：要学生提前做好课前准备，教师就要提前进班准备好教学用具；要求学生不乱扔果皮纸屑，教师就不要在办公室嗑瓜子嗑得遍地开花；要求学生见了教师要主动打招呼，教师的还礼也要主动热情。总而言之，教师要多举旗子少扬鞭子，喊破嗓子不如做出样子。

教育是赏识。苏霍姆林斯基多次指出："每个学生都是带着学好的愿望走进学校的。"美国哲学家、心理学家和教育家威廉·詹姆斯曾说："人的本质中，最殷切的需求是渴望被肯定。"

案例

有这样一个故事：美术课上，孩子们都完成了作业，只剩下晓晓一个人，桌上还有一张什么也没画的白纸。"哇，这是你画的茫茫雪景图吗？画得真好！"老师亲切的声音把晓晓从迷茫中拉回来。晓晓惊讶地望着老师……"难道你不想给雪景添点什么吗？"老师向晓晓微笑着说。晓晓抓起笔，随意在白纸中触了一个小点。"唔，这该是你家的小黑狗吧？真能干！来，签上你的名字！"老师鼓励晓晓。晓晓嘟着嘴想：老师的想象力真丰富，签名还不简单！

第二天，晓晓无意中发现，自己的画挂在美术老师办公台对面墙的中央！又是一节美术课，晓晓在画纸中随意涂鸦，老师又一次让她签上了她的大名。晓晓再次经过老师办公室，发现自己的这幅画镶嵌上了精美的画框。老师墙上晓晓的画越来越多，到最后整面墙都是晓晓的画。

30年后，晓晓已经是当地知名的画家，晓晓最难忘记的就是童年时代的那位老师……

小小的赏识就能点燃学生的学习激情，就能扬起学生自信的风帆，教师要为学生小小的闪光点而发自内心的喝彩和赞美。

教育是规范。不以规矩，无以成方圆。学生正如天空中的风筝，教师手中有了线绳，才能保障风筝在天空中自由地翱翔，这条线绳就是规范，如果没有这根线绳，风筝的自由就会面临危险，或挂上树梢，或坠入深渊，或落进急流险滩。要树立学生的边界意识，只有有了课堂规范，学生的自由才能得到真正地实现。课前准备的规范，课上参与的规范，课后作业的规范等都要让学生清楚，提醒学生遵从，久而久之，学生便由他律变成自律，自觉形成良好的课堂习惯。

教育是理解。学生是成长中的孩子，有问题是难免的，学生有了问题，教师不能按照成人的眼光评判，要换位思考，要常常站在学生的角度去思考，去审视，要透过问题的表象，寻找问题背后的问题，只有找到了问题的根源，才能理解学生，宽容学生，才能跟学生一起找到解决问题的方法。

教育要顺其自然。孔子曰："无为而治者，其舜也与?"老子曰："我无为，而民自化；我好静，而民自正；我无事，而民自富；我无欲，而民自朴。"先贤主张要按照规律办事，不要乱作为，不要违背自然的规律。教育是社会的教育，制约教育的因素很多，考试制度、用人机制、社会环境、家庭教育、学校教育无不影响着教育的发展，单靠一个人的力量往往无济于事。学生成长的路径是千差万别的，教育就是对学生成长的守望。叶圣陶说过："请老师们时刻想到，学生跟种子一样，有自己的生命力，教师能做到的，只是给他们适当的条件和照料，让他们自己成长。如果把他们当作工业原料，按照规定的工艺流程，便把他们制造成一色一样的成品，那是肯定要失败的。"教师能做的只是给学生成长提供良好的环境，让孩子在这个美好的环境中慢慢长大。

教育是慢的艺术。一切揠苗助长、急功近利的教育，最终都会导致南辕北辙。"不让孩子输在起跑线上"，往往是家长的一厢情愿，一些家长不懂孩子成长的规律，不顾孩子的兴趣和爱好，无休止地让孩子读英语、学奥数，参加数不尽的补习班、兴趣班，给孩子快乐的童年套上枷锁，使孩子的金色少年笼上阴影，让孩子在疲惫中挣扎。这就像给瓜果注入大量的激素，瓜果不成熟催其成熟，果子表面上熟了是真正的成熟吗？结果往往是："起点领先，终点输"，到头来害了孩子，也害了自己。

教育是习行和养性。爱因斯坦说："把所学的东西都忘了，剩下的就是教育。"剩下的是什么？是人的气质、方法、性格、态度和习惯。人的智力往往是遗传的结果，对智力因素的培养往往收效甚微，因此，学校教育重在非智力因素的培养，重在习行和养性。非智力因素是动力，有了动力，智力这枚炮弹才能有呼啸云天的神威；非智力因素是一块砺石，把智力的剑砥砺得更加光亮锋利，不经砥砺，好刀也会生锈。特别是基础教育阶段，教师要在"养"和"育"上多下功夫，下真功夫，下苦功夫，重视学生兴趣的培养，重视学生行为习惯的养成，重视科学方法的渗透。

五、从追求境界看教育

境界决定理念，理念决定思想，思想决定态度，态度决定行为。教育改革必须以"理念"更新为前提。对教育的理解不同，自己的行走状态就不同，最终的收获也就不同。

把教育当职业。把教育当成自己的谋生手段，这是人的第一需求，无可厚非。但是，教师的职业是育人的职业，教师如果只把它当成与其他职业相同的谋生手段，就会用自己的收入来衡量自身的价值，用自身的付出去寻找对等的收入。中国是教育大国，教师队伍庞大，国家无法一下子把教师的工资待遇提高到人人都羡慕的程度。于是乎，教育成为部分教师临时的驿站，成为部分教师无奈的选择。他们往往以一种"骑驴找马"的逃跑心态应付当下的工作，把教师这份职业当成自己的跳板，眼往外看，心猿意马，心情浮躁。教师如果把教育工作看成普通的职业，就会常常被金钱所累，被荣誉所累，被职称所累，稍不满足，就有无尽的挫败感，失落感，无法燃起自己的工作热情，当一天和尚撞一天钟，得过且过，职业倦怠在身心疲惫的工作中潜滋暗长。有一部分教师把教育这份工作看成"鸡肋"，食之无味，弃之可惜，唠叨满腹，抱怨不断，工作了几十年，结果重复了几十个"一"年，山还是那座山，墙还是那堵墙，每天重复昨天的故事。

把教育当专业。什么是专业？简单地说，专业就是"我能做，他不能做。我能做我就专业，他不能做就是他不专业"。教师的职称叫作"专业技术职称"，2012 年，教育部出台了《幼儿园教师专业标准（试行）》《小学教师专业标准（试行）》《中学教师专业标准（试行）》，从国家层面确认了教师这份职业的专业性。

如果教师把教育看成专业，就会关注自己专业成长的历程。教师的专业成长包含三个阶段：第一阶段是站上讲台，心中有规则，要按照教育学、心理学的规律办事；第二阶段是站稳讲台，手中要有课堂教学技术，甚至艺术，确保课堂教学有效果；第三阶段是站好讲台，脑中要有理论，不能让教育现象蒙蔽自己的双眼，要透过现象看到背后的东西，不仅知其然，还要知其所以然，这样教师工作起来才有方向感，才有底气。

如果教师把教育看成专业，就会有自己的专业愿景。有梦想，谁都了不起。有梦想，就有激情，就会充满成功的希望。梦在哪里，心就在哪里，成功就在哪里。有了专业梦想，教师就会做好教育生涯规划，这就像一个导航仪，能把自己带到远方。

如果教师把教育看成专业，就会勤于专业学习。向书本学习，积土成山，积水成渊，天长日久，最后定能厚积薄发，不断增长自己的育人智慧；向生活学习，做生活的留心人，做生活的思想者，从绚丽多彩的生活中得到教育的启示；向专家学习，学百家之长，分享他们的教育智慧，效法他们的教学方法，崇尚他们的敬业精神，践行他们的研究成果；向同伴学习，同伴和自己所处的教育环境相似，面对的教育对象也基本一样，同伴的经验容易借鉴，只要自己能静下心来，就能学到很多高招、妙招！

如果教师把教育看成专业，就会勤于专业修炼。首先是做中学，不下水，就不会知道水的深浅，不品尝，就不会知道葡萄的酸甜，教师要做新课程改革的勇士，积极地投身进去，在实践中发现问题，然后通过实践找到解决问题的策略，从而让自己在专业道路上又前进一步。其次是学中做，教师要把学到的先进教学方法运用到教学实践之中，要敢于挣脱旧思想的束缚，摆脱旧经验的桎梏，这样教师才能拥有一片蔚蓝的天空。再次，教师还要善于创新，当按照原有的方式方法走不动的时候，就要改变一种思路，改变一种模式，寻找新的方式方法。

把教育当事业。有些职业的劳动结果是可以用数字来衡量的，可是教育的劳动结果难以用数字衡量。教师的工作成效可能需要很多年才能得以显现，"一年树谷，十年树木，百年树人"。教师做的是百年伟业。教师的奉献没法期待"收支平衡"，教师的奉献没法期待"立竿见影"。因此，更多的时候教育应该是事业，需要教师用一生的精力默默地坚守，"春蚕到死丝方尽，蜡炬成灰泪始干"。燃烧是教师姿态，献身是教师境界。如果把教育当成事业，就会拥有魏书生老师 150 次写申请当教师的教育情怀，就会有陶行知"捧着一颗心来，不带半根草去"的奉献精神。

把教育当信仰。德国思想家雅斯贝尔斯一再强调："教育须有信仰，没有信仰就不成其教育，而只是教育的技术而已。"共产党人信仰马克思主义，就会用毕生的精力甚至宝贵的生命去奋斗。一个人没有了信仰，灵魂就会失去家园，人就会变成行尸走肉。教育，你只有真正的信了，才能走进它，才能理解它，才能敬畏它！教育之路就像一条长满荆棘的路，只有披荆斩棘的勇士才能闯出一条阳光大道。信仰教育，你就会远离低俗，让自己变得豁达和高尚；信仰教育，你就会拥有博大的教育情怀，让自身的教育激情不断燃烧；信仰教育，你就会"不畏浮云遮望眼"，享受"一览众山小"的旷达；信仰教育，你就不会为眼前的蝇头小利所困扰，让自己变得高洁、大气和坦然！

第二节　教学观

教学观就是教师对教学的观点和看法。教学内涵的解读，教学内容的确定，教学理论的支撑，教学模式的运用，教学方法的选择，都会直接影响教学效果的实现。

一、教学之本——内涵解读

"学"在甲骨文中是"❄"，上面是两只手"❦❦"，中间"✗"一说是算筹，下面是房子，"学"指人在家里学算术；一说中间"✗"是绳子，"学"指人在家里学习结绳记事；一说中间"✗"是占卜的工具，"学"指人在家里学习占卜的知识。"学"的金文❄下面多了个"子"字，更加指明了学习的对象就是小孩子，也指明了学习的态度，就是要像小孩子一样不要有成见，用空杯的态度来学到自己想学的东西。金文"学"也有作❄，多了"↯"，这就表明孩子学习时，师长有必要给予适当的惩戒。

学就是学习。在古代，"学"和"习"是分开的，其内涵也有着根本的区别。"学"和"习"最早连在一起使用出现在《礼记·月令》中——"鹰乃学习"，小鹰反复试飞就是学习，"学习"是模仿练习的意思。从"学而时习之，不亦说乎？""性相近，习相远""君子以朋友讲习""习善而为善，习恶而为恶"这些古代名句中，我们能悟到，"学"偏重于知识和道理的接受，"习"偏重于技能和生活的实践，知识往往靠学得，技能往往靠习得。

二、教学之序——厘清关系

第一，先教后学。"教学"从字面上看，"教"在"学"前，意指教师只有"教"了，学生才能"学"。在古代，学生获得知识的渠道非常狭窄，主要依赖先生的示范与教授，没有先生的"教"，学生的"学"很难发生，或者说发生得很慢。先生通过口头灌输、以身示范、纪律约束等方式让学生学习知识、练就本领、学会做人。

第二，以教导学。教学也可以理解为"教"学生"学"，引导学生学。《淮南子·说林训》："授人以鱼，不如授人以渔"。教学不仅需要关注学生的知识和能力，也要关注学生学习的方法、过程、情感态度和价值观。教学要有对学生学习方法的引导，要有对学生学习兴趣的激发，要有对学生学习态度的纠正，还要有对学生学习价值观的引领。

第三，以学定教。陶行知先生指出："如果让教的法子自然根据学的法子，那时先生就费力少而成功多，学生方面也就能够乐学了。所以怎样学就必须怎样教：学得多教得多，学得少教得少；学得快教得快，学得慢教得慢。"教师在教学前要充分把握学情，了解学生已有的知识，研究学生通过自学对知识的掌握情况，充分了解学生在学习中出现的问题，研究学生的学习方法，找到教学的起点，让教学始终处于"跳一跳就能摘到桃子"的最佳教学状态。

第四，教学合一。在整个的教学过程中，"教"和"学"是同时发生的，只不过有时是显性的，有时是隐形的；有时是主动的，有时是被动的；有时是主体，有时是客体。"教"和"学"的交融合拍是教师追求的理想教学境界。

"教"和"学"谁先谁后，谁主谁次，没有优劣之分，没有好坏之说。教学对象、教学内容、教学环境不一样，"教"和"学"的侧重点就不一样。就一节课而言，教学环节不一样，"教"和"学"的侧重点也不一样。教学前，教师需要把握学情，要用"以学定教"的理念做好教学设计，这样才不至于盲目，才能做到心中有生，胸中有本，才能实现因人施教，但是在教的过程中，也不能放弃"以教导学"的作用，有时候，该导的还要导，该引的还要引，该讲的还要讲。

三、教学之道——教学理论

有什么样的教育理论，就有什么样的教育行为。我们生活在教育现象之中，但是我们不能够迷失在教育现象之中，要透过现象看本质，从而找到教学的依据，不至于在教学上迷失方向。

行为主义学习论认为，学习就是刺激与反应之间的联结，行为就是对环境刺激产生的反应。学习的联结是在尝试错误中建立起来的，在尝试的过程中，错误率逐渐减少，正确率逐渐加强。心理学家拿动物做实验来推测人的学习，人经过反复强化就能学到知识，掌握技能。这对教学有很大启示：在教学的过程中，设置小目标，划分小步骤，让学生获得成功的体验，及时给予鼓励（正强化），学生的错误率会慢慢降低，成功率就会不断提高。但是，行为主义学习论把学习看成人的本能，是被动的行为，抹杀了人的主观能动性。

认知主义学习论认为，知识的学习就是在头脑中形成一个知识结构，重视学习的中间过程——认知表象，强调知识的结构教学，强调教学的最佳顺序。这对课堂教学有很大启发：重视学生的准备状态，课前要进行学情分析，分析学习者的知识水平和知识结构；设置恰当的目标，提供给学生的预习材料以学生已有的知识为基础；课后要进行总结，将散乱的知识联结起来，形成一个固化的知识结构。这种理论影响下的教学，使学生容易处于被动的学习状态。而且该理论过分强调学科知识结构，有可能形成学科本位，不利于学科间的融合。

人本主义学习论主张以潜能的实现来说明学习的动机，反对刺激-反应这种机械决定论，强调学习中人的因素。这对课堂教学的启示是必须尊重学习者，把学习者视为学习活动的主体；必须重视学习者的意愿、情感、需要和价值观，相信正常的学习者都能自己指导自己，都能激发"自我实现"潜能。该理论认为学习是有意义的心理过程，重视学习的主观能动性，强调学会学习。

建构主义学习论认为，学生不是空着脑袋走进教室的，学生不是一张白纸，学生脑海中已经有了丰富的知识和经验。学习不是知识由外到内的转移和传递，而是学习者主动建构自己经验的过程。教师是学生学习的组织者、参与者和引导者，教师的作用在于积极地创设教学情境，与学生深入对话，采用协作学习的方式，促使学生积极构建。"情境、对话、协作、建构"是教学的四大要素。这就启发我们：在教学过程中，要多关注学生学的活动而不是教师教的活动，要多做学生学的活动设计而不是教的活动设计，要多为学生的自主生成创造教学情境。在利用建构主义学习论进行教学时，教师要不断激发学生自主建构的兴趣，而这也就要求教师要具备设计学生学习活动的能力，要有教学情境的创设能力，要有较强的教育机智和很强的课堂驾驭能力，同时也要有培养学生自主建构的习惯的能力。

多元智能理论的代表人物、美国的心理学家霍华德·加德纳认为，人的智能有九种：逻辑数理智能(适合职业：科学家、会计师等)，语言智能(适合职业：作家、记者、演说家等)，空间智能(适合职业：画家、建筑师等)，音乐智能(适合职业：作曲家、指挥家等)，身体—运动智能(适合职业：运动员、舞蹈家等)，人际交往智能(适合职业：外交家、教师、公关人员等)，内省智能(适合职业：心理学家、哲学家等)，自然观察智能(适合职业：农民、生物学家等)，存在智能(适合职业：哲学家、宗教人士、科学家等)。这给予教师的启示是人是千差万别的，人的智能是多元的，因此人的发展也是异彩纷呈的。教师要利用多元评价，让每个学生都能找到成功的自信；教师要建立多元社团，让学生都能找到自己志同道合的伙伴。

每个理论都有其存在的价值，理论本身也没有好坏之分，不同的学情就要采取不同的教学方法，每一种方法背后都有相应的理论支撑。有些知识和技能要靠反复强化才能习得(行为主义学习论)。有些知识的学习则要及时地对知识进行梳理总结，建构稳定的知识结构(建构主义学习论)。在教学过程中我们更要关注学生，要"目中有人"，以生为本(人本主义学习论)。学生的学习不是老师教的，应该是学生自主建构的过程，教师要为学生的学习创造条件(建构主义学习论）。教师要开发丰富多彩的课程，让每一个学生的特长都能得到发展（多元智能理论）。

四、教学之术——教学模式

教学模式就是教学理论与课堂实践的中间环节，是教学理论在教学中得以实践的根本保障，它是教学理论的具体化，是教学实践的抽象化。

案例一

一位小学低年级数学老师讲应用题，在黑板上写：树上有 13 只鸟，又飞来 9 只鸟。有学生马上接下去说："问树上一共有几只鸟？"老师转过身批评学生说："谁叫你们说的！"学生不敢再说了。教师又在黑板上写上："一共有几只鸟？"许多学生低声说："就是嘛！"教师接着说："下面我们来分析一下，这题怎么列式？"不少学生又马上说："13＋9＝22。"这时教师又生气了，严厉地批评学生："谁叫你们又乱说的，不好好听老师讲，老师都还没有分析，真没纪律。"接着老师认真分析题目中的已知条件是什么，要求是什么，用有色粉笔在"条件"下画上横线，在"问题"下画上波浪线，然后列出式子 13＋9＝22。

不少学生感到不服气，低声嘟哝："我们也对嘛！"至此，老师更生气了，于是，就把这节课上爱"插言"的同学告到了班主任那里。

案例二

为解释"人是社会中的人"，老师设问："我们能脱离社会而独立存在吗？"学生整齐响亮地回答："不能！"这近乎武断的肯定完全出乎老师的意料。他们真的已经认识到人不能脱离社会而生存吗？如果是这样，那这节课还有上下去的必要吗？"真的吗？"教师开始试探。"是的。""你们怎么知道的？""书上说的。"

这让老师明白，学生的结论不是来自自身体验。"书上说的一定对吗？"这下轮到学生吃惊。"谁说人不能离开社会？我觉得我就可以离开社会，我不靠别人，不和任何人联系。"一时间教室像炸开的锅，学生无法想象老师会说出如此离经叛道的话，他们努力地寻找突破口。"你吃的饭哪里来呀？""我自己种。""你没有工具呀？""我用手刨。""那房子呢？""我住山洞。""想看电视怎么办？""我不看，就自己和自己说话。"

教室开始安静下来，学生思考着如何制造新的"炮弹"。"可你又是从哪里来呢？"这一问中了要害，老师一时无法回应。教室又像炸开了的锅。"怎么样？你还是要和社会发生联系吧？""离开社会，你还是人吗？"看着学生们的反应，老师欣慰地笑了，他的教学目标达成了。

案例一是典型的传递接受式的教学模式，教师讲学生听，教师说学生记，居高临下，教师牵着学生的鼻子走，学生不能越雷池一步。案例二是学生自主建构式的教学模式，教师为学生自主建构积极地创设情境。

我们先来看"以教导学"类的教学模式。这一类的教学模式是建立在行为主义学习论、认知主义学习论的基础上的，"教"是课堂教学的主旋律。德国的赫尔巴特是教师中心论的代表人物，苏联的凯洛夫则继承了赫尔巴特的思想，总结出了"红领巾教学模式"（也被称为"五段式授课法"）：复习旧课—导入新课—教授新课—巩固练习—总结下课。新中国成立以后，中国学习苏联的教育经验，"五段式授课法"对中国教育产生了深远的影响，现在的一些课堂中还留有浓浓的"五段式授课法"的痕迹。很显然，在这样的课堂上，教师是主角，学生是配角，教师把学生当成知识的容器，不断地"灌输"，不断地"填鸭"。这种教学模式为什么备受教师们青睐呢？

"红领巾教学模式"有着自身的优势。首先，它符合学生的认识规律，温故知新，由浅入深，由易到难，由知到行，由散到整；其次，它有利于学生在较短的时间内掌握较多的系统知识和信息；再次，它有利于教师起主导作用，整个教学都是按照教师的预设进行的，不会出现由学生的自主生成给自己带来的教学尴尬；最后，这种教学模式非常简单，容易操作。

"红领巾教学模式"也存在不容忽视的局限性：一是客观上使学生始终处于被动的学习状态，学生学习的积极性、主动性、创造性都受到了限制；二是容易形成满堂灌、满堂讲的现象，造成大量机械重复的训练，造成学生学业负担过重的现象。

实施新课改以来，涌现了一大批"以学定教"的教学模式。这类教学模式以建构主义学习论为基础，以生为本，以学生的发展为本，以学生的"学"为中心，教师只是学生学习活动的设计者，是学生学习情境的创设者，是学生学习的参与者、引导者、合作者。杜郎口中学的课程改革独树一帜，真正让学生动了起来，让课堂活了起来，让课堂效果好了起来。该校也从一个偏远的农村学校发展成为全国的课改名校，其"三三六"教学模式越来越被教育者关注。

第一个"三"就是三大特点：立体式、大容量、快节奏。第二个"三"就是三大板块：预习、展示、反馈。"六"就是六个环节：预习交流、明确目标、分组合作、展示提升、穿插巩固、达标测评。在整个教学中，学生是学习的主体，学生是学习的主人，学生由原来被动的接受变成主动的自我展示，在自主展示中，找到自我，找到自信，找到学习的快乐，从而在自主活动中学到了知识，掌握了技能，培养了情感。其实，从斯霞、钱梦龙、魏书生、孙维刚、于永正等老师身上，从"洋思经验""东庐经验"以及山东即墨二十八中的教育改革经验中，我们发现一个共同的特点：把学生当成学习的主人，让学生会学、乐学、善学。

建立在最近发展区理论上的"后茶馆式教学"让上海静安区教育学院附属学校在课改中崛起。"后茶馆式教学"的基本思想就是"一个核心、两个干预、三个发展"。一个核心就是"议"，"议"就是让学生充分展开讨论。两个干预则一是学生自己学会的，或部分学生自己学会的，教师不讲，二是尽可能暴露学生的潜意识，暴露学生学习的困难和问题，从而找到教学的起点。三个发展就是教学方式更加完善，教学方法更加灵活，教学价值更加明确。

面对众多的教学模式，教师该怎么办？首先，没有一定的教学模式的引领，有些教师就会很盲目，特别是刚入职的教师，在教学方面可能束手无策。其次，学情是千变万化的，教师的自身特点又是不尽相同的，只用一种教学模式生搬硬套，结果肯定是一条死路。所以教师们应该走一条"树一宗—容百家—求创新"的路子，根据自己的教学风格和学生的特点选择一种比较适合自己的教学模式，然后取百家之长，站在成功者的肩上，不断地寻求突破，形成自己的教学风格！

五、教学之果——有效教学

现在的课堂教学中出现了这几种现象：一种是"教师牵着学生的鼻子走"。按照预设"走教案"，学生不能越雷池一步。教师满堂讲、满堂问，学生只能成为接受知识的容器。一种是"教师跟着学生后面跑"。过分张扬学生个性，沿着学生的思路跑，教学失去了目标，放弃了教师的主导作用，就像"脚踩西瓜皮，滑到哪里是哪里"。还有一种是教学"两张皮"。一会儿沿着学生思路跑，一会儿想起教案照着教案教，教学杂乱无章，师生一起钻进了死胡同，犹如"盲人骑瞎马，夜半临深渊"。那么如何处理好"教与学"的关系，让课堂教学有效呢？

一是活。教师既起到组织、指导、引导、辅导的作用，又要调动学生的参与性、主动性和积极性，从而充分发挥学生的主体作用。首先，加强"学"与"导"的辩证统一。教学时，要以"学生为本"，承认学生的主观能动性，承认学生的潜力，承认学生的差异，为学生提供思考、表现、创造和成功的时空。其次，转变学生的学习方式，要体现充分的自主学习、有效的合作学习和深入的探究性学习，加强学生的问题意识，激发学生的探索欲望。最后，要摆正"教师、学生、文本"三者的对话关系，实现"教路、文路、学路"的三路统一。教师要认真钻研教材，研究编者和作者的意图，正确把握文本，认真研究学生，设计最佳的教学方案，教学时加强学生与文本之间的对话，利用自己的教育机智，做到开合有方、收放自如。

二是情。课堂教学要上出温度，上出热度。"情"是学生学习的刺激物，它能激发兴趣，点燃热情，它是课堂生成的基石，激情澎湃的课堂才能算是富有生命力的课堂。教师要有激情，教师要告别正襟危坐，告别面目呆滞和冷若冰霜。教师要像一团火，不断地燃起学生的学习热情。教师要学会"煽情"，通过导语设计，过渡语设计，结束语设计，不断地把情感推向高潮，推动学生真正地走进文本，又能从文本中跳出来，不断地拓展、迁移。

三是实。教师要有扎实的教学基本功：语言准确，富有激情；板书工整，富有美感；教态自然，开合有方；教法灵活，收放自如。课堂教学要朴实，厚实，不作秀，不粉饰，不掺假，防止浅尝辄止，做表面文章，实实在在地教，扎扎实实地学。舍弃不必要的游戏和课件，防止不恰当的迁移和拓展，否则，课堂教学就会出现"种了别人的田，而荒了自己的园"的现象。

四是明。理论决定理念，理念决定思想，思想决定行动。有什么样的教学理念就有什么样的教学行为。反过来也是如此，透过教师的课堂教学，就能看出这位教师的教学思想和理论水平。教师要做教学的明白人，能理解教育现象背后的东西，这样教学才会更有底气。教学思想决定着教师发展的方向，决定着教师进步的快慢，决定着教师将来能走多远。

五是广。教学要有广度。生活的外延和学生学习的外延是相等的。教师要做好课前资料的收集，课后资料的拓展延伸，课中的点燃激发，从而不断地把课堂教学向生活迁移，努力构建开放的、具有活力的教学体系。

六是文。课堂文化是师生在课堂教学中共同创造的精神财富。在优秀课堂文化的影响下，学生便会不好意思不学习，不好意思不努力，不好意思不进步，优秀的课堂文化对学生的主动学习有一种强劲的推动力。要想建构有效的课堂，成为卓越的教师，就要以优秀的课堂文化为基础，形成自己的课堂教学风格，塑造自己的课堂教学品牌。

七是习。叶圣陶先生说过，什么是教育？教育无非就是让学生养成良好的习惯。好习惯终生受用；坏习惯贻害终生。人的一生就像一块土地，如果不种满庄稼，必然长满杂草，人如果养不成好习惯，必然生出很多坏习惯。特别在基础教育阶段，养成良好的学习习惯，有时比学生多考几分更重要，况且学生良好的学习习惯一旦养成，学生的成绩是差不了的。习惯的养成，常常是意志力与意志力的较量，不是你影响他，就是他影响你。也就是说，如果学生不坚持训练，教师不用好习惯的氛围不断强化影响学生，学生必然滋生很多坏习惯。学生要养成自主预习的习惯，课前收集资料的习惯，课前准备的习惯，积极发言的习惯，静听的习惯，合作交流的习惯，不做小动作的习惯，自主完成作业的习惯，主动积累复习的习惯等。

八是趣。兴趣是最好的老师。一节课的好坏，不在于教师是否讲得神采飞扬，关键在于学生的思维是否能动起来。动起来的主要因素就是课堂要有趣。课的导入要引趣，情境铺垫要溶趣，抓住闪光点要及时导趣，要用游戏、课件激趣。整个课堂诙谐幽默，情趣融融，学生学得既扎实又轻松愉快。

九是法。课堂教学的效果往往不在于教学媒体有多么先进，教学环境有多么优秀，而在于教师的教学方法。当年的西南联合大学，教学条件那么差，却培养出杨振宁、李政道等很多著名的科学家，靠的是什么？就是教师渊博的知识和精湛的教学技艺。新一轮课程改革十分重视学生学习方法的习得。"授人以鱼，不如授人以渔。"知识的更新不断加快，知识是永远学不完的，教师要交给学生一把打开知识大门的金钥匙，要学生用这把钥匙随时找到自己需要的知识。课堂教学时，教师要不断地向学生渗透学法。"教学有法，教无定法，贵在得法"。"有法"就是说教学是有规律可循的，"无定法"就是要因材施教，不同的课文，不同的教师，侧重点应有所不同，不要苛求统一，更不要面面俱到。

十是创。由于时代的快速发展，科学技术的不断提高，现在的教育对象已经不再是唯唯诺诺的接受者，他们有自己的思想，而且思维相当活跃，他们广闻博识，创新意识和创新能力都很强。教师如果不能及时加强自身的创新修养，还按先前的老教法去教育教学，就不能很好地承担新时期的教育教学任务，甚至可能被淘汰。所以，这就需要教师拥有创新精神，利用自己的优势演绎自己的独特。教师理念要创新，教学方法要创新，教学设计要创新，只有创新型的教师才能培养创新型的学生。课堂教学时，教师要不断激发学生的创新兴趣，点燃创新热情，培养创新意识，教授创新方法，形成创新能力。要知道，教育最珍贵的就是独特和灵性。教师要用睿智的头脑，灵活多变的教育教学方法，博大的爱心，为学生描绘一个五彩的世界！

第三节　学生观

学生观就是教师对学生的观点和看法。这决定着教师的工作方法和工作态度，支配着教师的教育教学行为。

一、解读学生内涵

学生是人，是活生生的人。学生不是被填满的容器，不是考试的机器，更不是教师使唤的奴隶。学生有自己的思想，有自己独特的人格。学校应该是学生的梦工厂，不应该是学生考试的流水线。

学生是发展中的人。教师要用发展的眼光看学生，学生的潜力、可塑性是巨大的。因此，面对学生不成熟的想法和举动，教师要常常换位思考，站在学生的角度想一想，跟在学生后面走一走；面对学生的无知，教师要学会静待花开；面对学生的错误，教师要学会宽容；面对学生的鲁莽，教师要学会谅解。在课堂上也是如此，教师不能急躁，要学会等待，因为教育是慢的艺术，否则将会越俎代庖，最终滑向满堂讲、满堂问的深渊。学生是孩子，在成长过程中，一定会遇到问题，遇到难题，遇有困惑，教师要用温暖的目光，似春风的话语，为孩子营造一个温馨的成长环境。教师给孩子一片阳光，孩子将会还教师一片灿烂的天空。

学生是具有个性的人。学生来自不同的家庭，具有不同的文化背景，有着不同的秉性和爱好，学生是千差万别的。教师不但要喜爱优等生，更要关爱学困生，课堂上不能只让优等生唱独角戏，也要把学困生的学习热情点燃起来，让不同的学生在各自水平上都能得到发展。每个学生都是天才，学困生也有自己发展的优势，要创造适合每一个学生发展的土壤，使每个学生都能写出一段自己独特的成长故事。课堂上，成绩不好的学生也要享受爱的阳光；课堂预设中，要有关注学困生的内容；作业设计时，要建立作业超市，让学生自主选择，这样就能让优等生吃得饱，中等生吃得好，学困生吃得了。

二、探究学生规律

第一，最佳发展期。儿童在不同的年龄阶段，在语言、动作、记忆、思维方面有着"最佳时期"的表现。5～6 岁是语言、动作、记忆、形象思维等方面的"最佳发展期"。刚入小学一年级的学生表现为爱模仿、记忆力强、善于形象思维，随着学生年龄的增长，学生的逻辑思维慢慢增强。因此，教师要抓住儿童记忆的最佳时期，让学生不断地积累，集腋成裘，打好学生的人生底色。结合学生好动的特点，开展丰富多彩的活动，让孩子在活动中学习知识，开发潜能，培养兴趣。

第二，最近发展区。学生的发展有两种水平：一是学生现有的水平，即学生通过自主学习能够达到的水平；二是学生潜在的、但靠自己的学习现在达不到而只有靠伙伴的帮助和教师的指点才能达到的水平。这两者之间的差距就是最近发展区。教师的教学如果始终在最近发展区中进行，其结果是有效的、高效的。根据这一理论，教师就会明白，有时候"教什么比怎么教更重要"，在备课时或在上课时，要研究学生，找到学生已有的经验和知识，找到学生通过自主学习能完成的知识，从而找到教学的起点，学生已经学会的不教，让学生始终处于最佳的发展状态。

三、换个角度看学生

苏霍姆林斯基说过："其实在每一个孩子心灵最隐蔽处的一角，都有一根独特的琴弦，拨动它就会发出特有的音响。要想使孩子的心同我们的话发生共鸣，那么我们必须同孩子的心弦对准音调。"这提示教师要不断地变换角度，调准方向，移动焦距，和学生的心灵产生共振。

第一，把学生看成孩子。卢梭在《爱弥儿》中写道："大自然希望儿童在成人之前就要像儿童一样，如果我们打乱了这个秩序，我们就会造就一些早熟的果实，它们长得既不丰满也不甜美，而且很快就会腐烂。儿童是有他们特有的看法、想法和感情的，如果想用我们的看法、想法和感情代替他们的看法、想法和感情，那简直是愚蠢的事情。"苏霍姆林斯基说："教师要像对待荷叶上的露珠一样，小心翼翼地保护学生的心灵。晶莹透亮的露珠是美丽可爱的，却又是十分脆弱的，一不小心滚落，就会破碎不复存在。"把学生看成孩子，教师就会承认孩子的不完善和不成熟；把学生看成孩子，教师就会多一分宽容与呵护；把学生看成孩子，教师就会多一分理解与期待；把学生看成孩子，教师就会多一分支持与帮助。

第二，把学生看成大人。学生尽管是孩子，但学生和教师的人格是平等的。学生是班级的主人，学生是学习的主体，在课堂教学与班级管理当中，教师要把学生看成大人那样去尊重他，走下讲台，蹲下身子和学生进行平等的对话交流。这种蹲下不是从形式上，而是从内心深处要蹲下来，让教师的目光与学生的目光平等地对视，让教师的心灵与学生的心灵平等地交流。面对学生的问题，教师要学做律师，查找问题的根源，查明缘由，给当事人辩护，一起去寻找解决的办法，而不是当法官，直接盯着学生的错误不放，然后直接给学生"判刑"，甚至判了"无期徒刑"或"死刑"，让学生永久不能翻身。

第三，把教师看成大人。在教育教学中，一定不要忘记，教师是"大人"，学生是"小孩"。当和学生发生冲突时，不要针尖对麦芒，不要忘记自己成人的角色，"大人"不记"小孩"过，不跟"小孩"一般见识。把自己看成成人，就能学会包容与谅解；把自己看成成人，就能肩负起责任与担当；把自己看成成人，就能拥有宽广的胸怀和坚强的臂膀。

第四，把教师当成孩子。陶行知说："我们必须会变成小孩子，才配做小孩子的先生。"叶圣陶说："您若变成小孩子，便有惊人的奇迹出现：师生立刻成了朋友，学校立刻成了乐园；您立刻觉得是和小孩子一般大，一块儿玩，一块儿做工，谁也不晓得您是先生，您变成了真正的先生。"教师只有有一颗不眠的童心，才能真正地走进学生的内心世界，学生才会亲其师，信其道，乐其行。

第二编

知识与能力素养

第三章　知识素养

2014 年 9 月，习近平总书记提出了做党和人民满意的好老师的四个标准，其中之一就是必须有扎实的学识，这就要求老师必须要有良好的知识素养。知识素养之所以重要，就是因为老师的其他各种素养都是以知识素养作为根本基础的。在信息时代做好老师，老师自己所知道的知识必须大大超过要教给学生的范围，不仅要有胜任教学的专业知识，还要有广博的通识知识和宽阔的胸怀视野。好老师还应该是智慧型的老师，具备学习、处世、生活、育人的智慧，既授人以鱼，又授人以渔，能够在各个方面给学生以帮助和指导。过去讲，要给学生一碗水，老师要有一桶水，现在看，这个要求已经不够了，应该是要有一潭水。

社会在不断地发展与进步，当今的教育改革也在不断地推进与深化，这对教师的素养要求也就越来越高，特别是对教师的知识素养要求。这就需要教师不断地提升自身的知识素养，借以适应新时期社会、经济、教育发展的需要。那么，新时期的教师应该具备哪些知识素养呢？首先，教师应该具备扎实的学科专业知识。因为在学校里，教师要肩负学科教学任务，这就要求教师对自己任教的学科专业知识有广泛而且深入的了解。除了关注本学科知识外，与该学科相关的其他知识也要有一定了解，比如学科发展的历史及趋势等，只有如此，教师才能深入浅出地教授自己所任学科的知识。其次，教师要具备广博的科学文化知识。一位教师仅仅具备自己专业领域的知识是不够的，因为教学中涉及的知识是多方面的，很多学科之间存在着交叉与融合。比如数学中的应用性题目会涉及物理或者化学的知识，同时又需要借助语文表达能力来帮助学生理解题目的意思，此外还要依赖计算机知识制作课件等。再次，教师还要储备教育教学方面的知识。教书育人要求教师必须用教育学、心理学等知识来武装自己，否则仅仅具备精深的专业知识和广博的科学文化知识是难以很好地促进学生知识的建构和学科能力的提升的。这里说的教育教学方面的知识除了教育学、心理学等知识外，还应包括教师个人在教育教学实践中总结出的教育教学实践知识，这些知识决定了教师个人的教学特色。最后，教师还应具备一些学生发展方面的知识，比如有关学生的生理、心理、社会发展以及职业生涯规划等方面的知识。

总之，处在终身学习时代的教师，其知识素养随着教育教学实践的积累而不断发生着变化，同时也因为教育教学实践的革新而不断增加着新的内容。作为教师，我们唯有与时俱进，不断学习，才能更好地适应时代的发展和学生的需要。

第一节　学科专业知识

学科知识又称为"本体性知识"[①]，它指的是某个特殊学科领域内的基本思想、概念框架、数据以及过程等方面的知识。那么，这些学科专业知识对教师教学会产生怎样的影响？又该如何提升教师的学科专业知识水平？

一、学科专业知识对教师教学的影响

（一）学科专业知识影响教师的教学行为

教师的教学行为受到多种因素的影响，其中教师学科专业知识的深厚程度和广博程度会极其深刻地影响教师自身的教学行为。一个显而易见的事实就是，当一位教师具备了相当深度和广度的学科专业知识后，他就能轻松地驾驭

---

① 辛涛、申继亮、林崇德：《从教师的知识结构看师范教育的改革》，载《高等师范教育研究》，1999(6)。

教材，就能站到一定高度来理解和分析教材中的知识内容。只有学科专业知识足够精深，教师才能更容易地在备课过程中洞察学科发展的前沿和趋势，才能更迅速地接收和掌握最新的学科信息。这样才可以保证教师在教学过程中能够深入浅出、准确无误地传授知识。

我们通常说的教师驾驭教材的能力，意味着教师在具备了丰富的学科专业知识的基础上，能够依据教材有效地组织一些有利于学生课堂学习的活动，以及通过教材能够及时地回应课堂上学生提出的种种问题。如果学科专业知识不够，教师就会更多地依赖课本，而不敢在教学中进行创造与发挥。同时，教师在课堂上也会更多地采取"我讲你听"的灌输模式，而这种缺乏互动性的课堂显然没有什么活力。正如大教育家杜威所说，一个人要成为合格的教师，"第一条件就是需要对教材具有理智的准备，应当有超量的丰富的知识。他的知识必须比教科书上的原理或比任何固定的教学计划更为广博。因为教师在教学时，必须有余力来观察学生心理和智力活动，除了感受学生的言语意义外，而且也要注意学生身体和情感活动中蕴含的东西。选择有价值的学习活动，提供解释，提出创造性问题，评价学生学习等，都依赖于教师学科知识的丰富程度和对学科的理解"。①

(二)学科专业知识影响教师的教学成绩

我们凭借经验不难想到，教师掌握学科专业知识的程度会影响到教学成绩。事实上，一些文献研究也证明了教师的学科专业知识和学生成绩之间存在着密切的联系。因为教师的学科专业知识的缺陷会影响到教师教学的效果，所以教师在课堂教学中就不能"以己之昏昏，欲使人之昭昭"。曾有一位高中毕业生说，当年上英语课时，他有一些不明白的选择题问英语老师，英语老师一般会先问这个选择题的答案是哪个，然后再告诉他就是这个答案，再问为什么，老师就说这是习惯用法。每次询问，老师的回答总是如此，最后他就选择不再

---

① ［美］约翰·杜威：《我们怎样思维·经验与教育》，228 页，北京，人民教育出版社，1991。

问了。显然，由于教师的学科专业知识积累不够，教师对学生提出的问题也就较难做出回答，这就阻碍了学生的学习兴趣和积极性。

二、提升教师学科专业知识水平的策略

作为教师，积累丰厚的学科专业知识无疑是非常必要的。那么，我们该如何有效地提升教师的学科专业知识水平呢？这里谈几点策略供大家参考。

(一)重视职前学科专业知识的学习

教师在就读师范院校时就是分专业来学习的，所以教师在职前就应好好学习自己的专业，把专业知识学精学透。但是，就读期间，教师因为不面对教学实践而常常意识不到这些专业知识的积累对其未来的教学实践的重要性，这就使教师对所学知识的理解和掌握不够精熟。鉴于此，教师在从事教学工作之后，可以抽时间对所学过的专业内容进行温故和再学习。只有不断"温故而知新"，才"可以为师矣"。

(二)在工作中继续积累学科专业知识

在参加工作之后，教师就会在备课中发现一些自己的学科专业知识的短板，此时教师就可以借助学校的图书馆、网络进行学科专业知识的收集学习和积累。另外，课堂教学中的师生互动交流，尤其是一些学生提出的"刁钻古怪"的问题，也能帮助教师发现自身学科专业知识的不足，促进其查漏补缺。

(三)利用培训提升学科专业知识水平

除了在实践中拓展自己的学科知识之外，教师还可以根据自己的实际情况，参加一些培训或者进修来提升自己的学科专业知识水平。通过培训或进修活动，教师可以在夯实学科基本思想、原理和基本概念的基础上，拓展自己的知识结构，吸收新的前沿知识。

(四)通过日常阅读积累学科专业知识

每门学科都有一些相关的刊物和书籍，教师如果能养成日常阅读的习惯，每天都阅读一些书籍、报纸或者杂志等，在日积月累之中，就能不断丰富自己

的学科专业知识。特别需要说明的是，除了这些纸质读物之外，教师还要充分利用互联网的便利性，在网上订阅一些专业读物进行阅读学习。尤其是现在手机几乎成了人人必备的工具，借助各类阅读软件，订阅一些和学科专业知识相关的阅读材料，特别是有声读物，对教师专业发展也是极有裨益的。

第二节　科学文化知识

这里所说的科学文化知识可以分为科学知识和人文知识两类。在我国，大多数学校实行分科教学，从事自然科学学科教学的教师必然需要掌握一定的科学知识，而从事人文学科教学的教师则需要储备一定的人文社科知识，这样才可以减少教师由于所教学科的限制而产生的局限性。只有在教育教学实践中有意识地促成文理学科知识的交融，教师的知识体系建构才能更加完善，教师才能更加适应教育教学实践。如果语文教师从不关心数学方面的知识，或者数学教师从不考虑语文方面的知识，那么这不但不利于教师自身的知识拓展，而且会影响到学校的教育教学。

一、教师必备的人文知识

人文知识是教师人文素养的基础和载体，人文知识是关于人生问题的论述、表达以及实践，具体包括文学知识、历史知识、哲学知识、美学知识等。作为教师，提升自身的人文素养就需要不断积累和内化人文知识。这些人文知识的补充有利于教师理解学生，理解教育，促进教师和学生之间的融洽沟通。具体来说，教师需要具备的人文知识可以分成以下几个方面。

(一)文学知识

说到文学，每位教师都不难想到自己曾经阅读过的伟大的文学作品，那些震撼心灵的作品的确会滋养我们的内心，让我们摆脱世俗的羁绊，从而实现一种自我的超越。文学知识会让教师对人性的理解更加深刻，对生活中美的追求更加迫切，激励自己不断成长。教师如果缺乏文学方面的知识，就有可能会缺乏人文情怀，在和学生的互动中，学生就会感受不到教师身上的人性光辉，也就会很难"亲其师而信其道"。

(二)历史知识

对历史知识的深入了解会让教师站在历史的高度看待自己的教育教学行为和任教学科的发展以及人类文明的进步。教师了解历史知识并不仅仅是为了知道一些历史人物，熟悉一些历史故事和历史规律，更重要的是为了引导学生去延续人类的这些文明成果。此外，对于历史知识的了解还有助于启发教师的思想，鼓舞教师的精神，增进教师的智慧。学习历史知识会让教师了解到人类的祖先在遇到某个问题时的所思、所想、所行，而这些成败得失的经验会启发每一位教师，也让每一位教师看清自己今后努力的目标和方向。

(三)哲学知识

哲学知识可以说是其他学科知识的凝结和概括，它对世界的本质做出解释，这在很大程度上会影响教师的世界观。哲学是具体科学知识升华后的思维结晶，是研究人怎样对待世界、对待自身的科学。特别是指导我们国家进行社会主义建设的马克思主义哲学，更是教师认识世界、改造世界的行动指南，值得教师好好学习和研究。教师学习哲学知识可以站在更高的视角去看待世界、看待教育，因此哲学对教师的教育教学会起到一定的思想指导作用。

(四)美学知识

教师除了需要精通本学科的专业知识外，还需要具备一定的美学知识；教师除了能辨别日常生活中的真、假、善、恶外，还需要有善于发现美的眼睛。法国雕刻家罗丹说："美是到处都有的。对于我们的眼睛，不是缺少美，而是缺少发现。"教师只有具备了美学知识，增强自身的审美能力，才能让学生形成对美的感知。通过引导学生对美进行赏析，教师可以引导学生在心情愉悦之中接受知识和真理，从而不断提高学生的审美情趣。语文有语文的美，数学有数学的美，艺术有艺术的美，每个学科都有自己与众不同的美，但倘若教师缺乏美学知识，这些美就难以进入教师的视线，也就难以传递给学生。

(五)教育法规及职业道德知识

要成为一名新时代合格的人民教师，除了需要具备扎实的学科专业知识和教育理论知识之外，还需要了解一些教育法律法规方面的知识，做到依法施教、依法育人。教师掌握必要的法律法规是传播人类文明的需要，也是教书育人的重要保障；是创建和谐校园的重要基础，也是教师规范自身、办人民满意教育的必要条件。所以，新时期的教师必须了解教育方面的法律法规，如教师要详细了解《中华人民共和国教育法》《中华人民共和国义务教育法》《中华人民共和国教师法》《中华人民共和国未成年人保护法》《中华人民共和国预防未成年人犯罪法》《学生伤害事故处理办法》等法律法规文件，牢固树立依法施教的意识，并把学法、知法、守法、用法的意识贯彻到日常的教育教学工作中。

除了法律法规之外，教师在平时工作中可能还需要依赖职业道德来规范自身的教育教学行为。高尚的师德在教育行业中显得越来越重要，因为立德树人是教育的核心价值，是教师追求的最终目标，所以作为践行或者追求这一目标的教师必须要有高尚的师德作为保障。2008年国家对《中小学教师职业道德规范》进行了修订，其主要内容包括爱国守法、爱岗敬业、关爱学生、教书育人、为人师表、终身学习六个方面。这些基本的职业道德规范可以说是教师的基本标准，需要教师牢记于心，时时刻刻规范自己的行为，时时刻刻让自己做一名优秀的教师。

二、教师必备的科学知识

(一)教师必备科学知识的构成

教师作为一个专业群体，必须要具备一定的科学精神，而科学精神的养成必须以丰富的科学知识作为基础。教师掌握一定的科学知识有利于其形成求真求实、批判质疑、探索创新的科学精神。科学知识的积累需要教师掌握一些基本的科学概念和理论。这些基本的科学概念和理论涉及多个科学分支，例如物理、化学、生物、地理、信息等。教师可以不必苛求掌握最前沿的科学理论，但是需要了解与学生当前学段相关的基本科学理论知识，除此之外，还需要知晓科学研究的过程和方法。这些研究过程和方法方面的知识能够指导教师进行相关领域的研究，帮助教师掌握新的科学知识。

(二)教师获得科学知识的策略

教师要获取丰富的科学知识，首先要转变教育观念，养成不断学习的习惯，加强对科学文献的阅读，加深对科学知识的认识。其次，教师要重视科研能力的培养，多参加一些与任教学科有关的课题研究工作，重视学科中的实践性教学，强化自身的实践能力，让自己走上科研之路，这是教师增加科学知识的重要途径。最后，教师还可以参加一些继续教育活动或实践，比如各种进修或培训活动，从而增加自己的科学知识储备。

第三节　教育教学知识

如果说学科专业知识和科学文化知识是很多专业人员应该具备的基本知识，那么教育教学方面的知识应该说是作为专业人员的教师需要特别掌握的一类知识，因为教师的工作就是教书育人，如何教书，如何育人，这需要教师有丰富的教育教学知识做支撑。那么，教师需要掌握的教育教学知识有哪些呢？

一、教育学知识

教育学的知识是非常宽泛的，教师需要了解和掌握的基本知识主要包括教育的产生与发展、教育的基本规律、国家的教育目的和制度、教师职业和师生关系、课程与教学论、德育和班级管理、课外教育和家庭教育、教育科学研究方法等。这些知识可以说为教师勾勒出了教育的清晰轮廓，提供了教育的一般性界定，也为教师理解和建构新的教育知识奠定了基础。

二、心理学知识

教师对心理学知识的了解有助于教师开展有效的教育教学。因为学习过程就是一个认知过程，就是一个人的心理活动过程，所以教师要了解心理活动的基本规律，特别是与学生认知有关的心理学知识，如感知觉、记忆、想象、思维、注意等，帮助学生实现认知过程的有效调节。此外，情绪情感以及意志也是学生心理活动的重要方面，虽然它们本身不属于认知过程，但是却影响着学生的学习过程，所以教师也要掌握此类心理学知识，引导学生做好情绪的调控，形成良好的学习情感，养成坚强的学习意志。教育教学是群体化的活动，但是对于每一个学生而言，又是个体化的行为，这就需要教师充分了解每个学生的需要、动机和兴趣，有针对性地培养他们的能力，塑造他们的人格，因此教师还要对这些个性心理特征知识有很好的了解，并灵活运用到教育教学中。

三、教育心理学知识

如果说前面提到的心理学知识还是有些宽泛的话，那么教育心理学就是专门研究教育教学过程中师生心理的学问，是可以帮助教师有效思考教育教学心理过程的知识。教育心理学主要介绍学生的心理发展过程以及学生的个别差异，学习的本质，提升学生学习动力以及引导学生学会学习的方法，知识的学习原理和干预的过程，教师在教学过程的心理特点以及学生辅导的方法等。应该说，教育心理学勾勒出了一个教与学的心理活动路线图，教师可以借助这些知识审视和思考教师的教和学生的学，并在此基础上继续扩充教师的教育心理知识。

四、课程改革及教育教学技能知识

国家在不断深化教育教学改革，教育教学实践在不断创新，新时期的教师必须紧跟这一时代潮流。因此，教师需要了解课程改革的背景和目标，了解新时期国家课程改革的基本理念，由此树立正确的教学观，端正教育教学行为，并且变革学生的学习方式。比如，国家刚刚提出了学生的核心素养问题，这将带动教育教学产生一系列的变革，因此教师的教育教学行为要紧紧围绕学生的核心素养来培养，而那些过时的教育教学理念要及时扬弃，以适应当前的教育教学新要求。

此外，教育教学技能知识也是教师必须积累的，这些知识是程序性的，是关于教育教学如何操作的，它对教育教学的实践更有针对性。比如，课堂中该如何导入、提问和回应，又该如何组织小组讨论、进行课堂反馈和课堂小结等。这些知识对于提升教师个人的教学艺术有很好的作用，也深得教师们喜欢。当然这些知识需要教师在互相交流、碰撞中获得，需要在实践中摸索和积累。

第四节　学生发展知识

《中华人民共和国教育法》第五条规定：教育必须为社会主义现代化建设服务、为人民服务，必须与生产劳动和社会实践相结合，培养德、智、体、美等方面全面发展的社会主义建设者和接班人。由此我们不难看出，教育的目的就是要为社会主义培养建设者和接班人，而要实现这个目的，就必须让学生的德、智、体、美等方面获得全面发展，所以教育的主要任务就是促进学生的全面发展。从这个意义上说，从事教育事业的教师就必须掌握一些有关学生发展的知识，这样才能提高学生各方面的素养，才能更好地完成教书育人的重大使命。

一、学生发展的含义

学生的发展是学生在教育的作用下，逐渐由幼稚走向成熟，逐渐由自然人向社会人转变的过程。这个过程中包含了学生的生理发展、心理发展、社会发展三个方面，这三个方面在发展过程中相互作用、相互影响。其中，学生的心理发展既包括知识、技能和能力的发展，也包括学生思想品德和审美的发展。

二、影响学生发展的因素

影响学生发展的因素到底有哪些，学生的发展究竟是由遗传决定，还是由环境或者是教育决定？目前来看，学者们总结出的影响因素主要有遗传、环境、教育（学校教育、家庭教育）和个体主观能动性等几个方面。

（一）遗传

遗传是指从上代继承下来的生理解剖上的特点，如机体的结构、形态、感官和神经系统等的特点，也叫遗传素质。遗传素质不仅影响人的智力水平，也影响人的个性特征，二者在一定程度上都受遗传基因的影响。遗传对学生的发展有着重要影响，具体表现在以下方面。

1. 遗传素质是人的身心发展的前提，为个体的身心发展提供了可能性

每个人的先天素质中都含有与父母相同的因素，又有与父母不同的独特因素。遗传素质是人的先天素质的构成部分，并不是全部。遗传素质并不会直接转变为个体的知识、才能、态度、道德品质等。如果离开了后天的社会环境和教育的影响，遗传素质所给予人的发展便不能成为现实。大家都听过"狼孩"的故事：1972 年，在印度的一片森林中发现了与狼生活在一起的"狼孩"，"狼孩"已没有人的社会特征，不懂人类语言，从而也没有人类的意识。在"狼孩"回到人类后相当长一段时间内，她仍狼性不改，昼伏夜行，吃了就睡，饿了就引颈长嗥……这一故事说明，人虽然有无比优异的遗传素质，但是如果离开了社会生活，失去了教育影响，就不能得到发展，甚至会失去人的特征。

2. 遗传素质的差异对人的身心发展有一定的影响

个体的遗传素质是有差异的，这种差异不仅表现在体态、感觉器官等方面，也表现在神经活动的类型上。婴儿一出生，就会有不同的表现，有的安静，有的大哭大闹。一两岁的儿童对外部世界的反应就有快有慢，有的敏感，有的迟钝。现代遗传学研究证明，遗传基因的物质基础在于核糖核酸排列及其活动的差异。一个天赋异禀的儿童，其遗传基因如果后天得到良好的教育，在某些方面发展得更快、更好是完全有可能的；一个有智力障碍的儿童，其遗传基因对他的发展自然是非常不利的。所以，我们必须承认遗传对人的发展的影响是客观存在的。我们需要关心的是，怎样创造条件使具有不同先天素质的人得到尽可能充分的发展。

3. 遗传在人的发展中的作用是不能夸大的

遗传素质不能预定或决定人的发展，只为人的发展提供必要的生物前提和发展的潜在可能性，所以不能夸大遗传的作用。遗传决定论者把遗传看成是决定人发展的唯一因素，他们认为社会生活条件和教育的作用只在于延迟或加速

遗传能力的实现，这是不可取的。

（二）环境

环境泛指个体生活之中，影响个体身心发展的一切外部因素。若按环境的性质来分，环境可分为自然环境（包括自然条件与地理位置）和社会环境（包括政治、经济、文化以及与个体相关的其他社会关系）。若按环境的范围分，可分为大环境（指个体所处的总体自然环境与社会环境，如某一国家、某一地区）和小环境（与个体直接发生联系的自然环境和社会环境，如一个家庭、一所学校）。在同一国家或地域内，人们的大环境通常相差不大，但小环境却千差万别。我们很难改变大环境，但小环境却随个体自身的活动和选择而改变。由此可见，小环境对个体的影响更为直接，所以教育者应更多地关注小环境。但由于社会的变化不断加快，社会通信、交往手段更加丰富和便利，大环境对人尤其是对学生的影响也不容忽视。尤其是当今世界正处在巨大变革的时期，社会宏观环境对学生成长、心理健康的影响也是至关重要的。学生所接受的社会信息容量越来越大，其中负面影响的绝对量也大幅度增加，这些负面影响不同程度地抵消了学校和家庭的正面教育效果。

环境对个体的影响表现在如下几个方面。

1. 为个体的发展提供了多种可能，包括机遇、条件和对象

人生活在不同的小环境中，这些环境所提供的条件并不相同，对个体发展的意义也不相同，因而不同环境中人的发展有很大区别。但个体对环境的作用也不是消极的。个体对环境持积极态度，就会挖掘环境中有利于自己发展的因素，克服消极的阻力，从而扩大发展的天地。所以教育者不仅要注意为受教育者的发展提供较有利的条件，更要培养受教育者认识、利用和超越环境的意识和能力。

2. 对个体发展的影响有积极和消极之分

在同一环境中，各种因素作用的方向、力量是不相同的。英国政治家戈登·布朗曾说："环境塑造人，任何一种环境都是对人的塑造，人最重要的是要学会在逆境中生存，不要让逆境击垮你。"对于教育者来说，分析、综合利用环

境因素的积极作用，抵制环境因素的消极影响是极其重要和困难的工作。教育者需要研究如何既保持校园小环境的有利条件，又积极加强校园与社会的联系，充分利用社会的教育力量。

3. 人在接受环境影响时，也不是消极的、被动的

人具有主观能动性，人能改造环境，人在改造环境的实践中发展着自身。因此，夸大环境对人的发展的作用，特别是环境决定论的观点，也是错误的。

(三)学校教育

学校教育是由教师和学生共同参与和进行的。学校教育环境具有极大的人为性，具有明确的目的，有指定的教育内容和活动计划，有系统的组织和特殊的教育条件。学校弥漫着科学、文化和道德规范的气息。这些构成了学校教育环境的特殊性。苏霍姆林斯基在《帕夫雷什中学》中阐述了学校外部物质环境的设置对于学生的教育作用。帕夫雷什中学根据学生的年龄特点，在学生的学习区和休息区都张贴了简明易懂的图片、标语等，引导、激发学生的学习热情，触发学生的探索欲和求知欲，并且随时更新，随时与学校的教育整体目标相整合，使得学校的教育形成一个合力。

从个体活动的角度看，学校中的个体活动与其他社会活动的区别在于有教师的指导，且活动的结果还要接受检查。这种特殊性使学校在影响人的发展上具有独特的功能。

1. 学校教育对个体发展作出社会性规范

社会对个体有体质、思想道德、知识、能力等多方面的要求或期望，并提出一系列规范。学校根据这些要求，针对不同年龄、不同的培养目标而作相应的调整，并有意识地以教育目的和目标的形式去规范学校的其他工作，通过各种教育活动促使学生达到规范的目标。

2. 学校教育具有加速个体发展的特殊功能

学校教育是一种目标明确，时间相对集中，有专人指导并进行专门组织的教育活动。此外，学校教育使个体处于一定的学习群体中，个体之间发展水平有差异，这也有助于个体的发展。如果学校教育能正确判断学生的最近发展

区，这种加速作用将更明显、更富有成效。

3. 学校教育对个体发展的影响不仅具有即时的价值，而且具有延时的价值

学校教育的内容大部分具有普遍性和基础性，对人今后的进一步学习具有长远的价值。此外，学校教育提高了人的需求水平、自我意识和自我教育的能力，这对人的发展来说更具有长远的意义。

4. 学校教育具有开发个体特殊才能和发展个性的功能

在开发特殊才能方面，普通学校教育内容的多面性和同一学生群体中学生间表现出的差异性，有助于个体特殊才能的表现与发现。在个性发展方面，学校教师和领导具有教育学和心理学方面的知识素养，这有助于他们发现学生的个性，尊重和引导学生个性的健康发展。同时，群体生活也有助于学生从其他人的身上汲取闪光点，丰富自己的个性。

（四）家庭教育

我们经常说，家庭是孩子的第一所学校，家长是孩子的第一任教师。家庭教育对儿童人格的影响，主要是通过父母的言行、父母的教养方式、家庭气氛、家庭成员之间的关系和孩子在家庭中所处的地位等方面的影响来实现的。孩子的第一位老师就是自己的父母，他们不仅是孩子生命的创造者，同时也是孩子心灵的塑造者，因此，家庭教育对孩子的心理发展起着至关重要的作用。很多父母"望子成龙""盼女成凤"，偏重于智力开发，早在学前阶段就教孩子学外语、弹钢琴、学绘画、背唐诗。在中学阶段，他们更是指望自己的孩子各科考高分，不顾孩子的心理发展水平和承受能力，对孩子提出过多的苛求，超越了孩子的心理负荷。过重的精神压力，繁多的学业负担，让孩子天真烂漫的天性、敞开胸怀接受大自然和社会影响的机会几乎丧失殆尽。而孩子的心理健康问题，则没有多少家长能给予足够的重视。现在的许多家长不懂得孩子的心理健康如同身体健康、智力开发一样重要，甚至有不少父母根本就不知道孩子需要心理健康教育。父母对心理教育的忽视和无知，导致了孩子的心理发展与智力开发严重失衡。目前，不少孩子是智力开发超前，而心理发展滞后，这在生

理发育处于高峰期的中小学生身上形成格外强烈的反差。重智力轻心理的家庭教育给孩子的心理素质造成严重的负面影响。父母应对孩子言传身教，父母的世界观、信仰、思想、作风、接物待人的态度，对具有高度模仿性而缺乏选择性的中小学生来说，起着性格上的奠基作用。一个人如果从小就生活在"拔一毛而利天下，不为也"的家庭里，接受父母所谓"为人只说三分话，不可全抛一片心"的教育，以"各人自扫门前雪，莫管他人瓦上霜"为人生信条，那么，他很有可能成为心胸狭隘的人。

此外，随着社会开放程度的不断扩大，社会环境及人际关系也发生了巨大的变化，部分成年人无法作出及时调整，也无法予以适当反应，这就导致自身情绪易产生剧烈变化，使神经系统过度紧张及大脑功能紊乱，最终导致心理失调。比如职业的不稳定、收入的下降、商场的失意、职业的变更等，都是造成成年人心理障碍的因素。成年人难免要将这种情绪转换成各种非理智的行为或语言在家中宣泄，有的则把自己的失败转成对子女的不符实际的要求。子女如长期处在这种不良的情绪感受中，其大脑机能便会遭到慢性损耗，最后出现大脑机能失调，甚至出现心理障碍。

(五)学生的能动性

个体在与环境相互作用时所表现出来的主观能动性，是促进个体发展从潜在的可能状态转向现实状态的决定性因素。个体的主观能动性从过程结构的角度看，包括活动主体的需要与动机，指向的客体对象，活动的目的、内容、手段与工具，行为程序、结果及调控机制等基本要素。从活动水平的角度看，个体的主观能动性则由生理、心理和社会三种不同层次和内容的活动构成，每一层次的活动对个体身心发展都具有特殊的和整体性的影响。

个体主观能动性第一层次的活动是人作为生命体进行的生理活动。它是人这一有机体与环境中的物质发生交换的过程，为维持人的生命服务，与人的身体发展直接相关，也是其他方面发展的基础。第二层次是个体的心理活动。心理活动的内容丰富多彩，它是人对外部世界能动的、带有个体性的反映，也包括人对自己的意识、态度与倾向，其中最基本的是认识活动。最高层次的活动是社会实践活动。对个体来说，社会实践活动具有满足人的生存、发展和创造需要的意义，是人与环境之间最富有能动性的交换活动，是一种能量的交换。它具有鲜明的目的性、指向性和程序性，体现了人的主动选择。根据人的生理发展规律，中学生正处于生长发育的高峰期，其心理发展是错综复杂的。

总之，环境是围绕在个体周围的并对个体自发地产生影响的外部世界，概括起来可以说就是三个方面：自然环境、社会环境和家庭环境。环境对人身心发展具有一定的影响，但环境影响不决定人的发展，因为环境影响具有以下特点：一是环境影响具有自发性，无论自然环境、社会环境还是家庭环境，对身心发展的影响都具有自发性；二是环境影响具有偶然性，即客观存在的环境影响因素不一定实际影响着个体的发展，因为个体只有接触到这些环境因素，才可能受其影响，如果不接触，那么就不会受其影响；三是对于环境的影响，个体存在适应与对抗。可见，环境既可制约人的身心发展，但人在一定程度上又可以发挥主观能动性，超越环境的制约。

三、学生身心发展的特点

学生的身心发展具备某些特点或者规律，教师必须要摸清或把握这些特点，才能实施有效的教育教学。比如，教师可以抓住学生发展的关键期，进一步促进学生某些素质的发展，也可以根据学生之间存在的差异实施个性化教学。

（一）发展呈现一定顺序

从生理角度看，人的发展遵循从头部到躯干到下肢，从中间部位到边缘部位，从骨骼到肌肉的发展顺序。从心理角度看，学生的发展存在以下顺序：机械记忆优先发展，而后逐渐过渡到意义记忆；思维形式也是先出现具体思维，然后逐步出现抽象思维；情绪情感方面是先出现喜怒哀乐的一般情感，而后逐步出现理智感、道德感、美感等复杂的人类情感。这种顺序性也被一些心理学家的研究进一步证明，如心理学家皮亚杰发现人的认知是按照感知运算水平、前运算水平、具体运算水平、形式运算水平这一顺序发展的；埃里克森则根据这种顺序把人的人格发展分成了八个阶段，这八个阶段呈现出一定顺序性。学生身心发展呈现一定顺序性的特点，指导教师不要随便跨越这些顺序实施教育教学，违背这种发展的顺序性不但不能取得好的效果，还有可能挫伤学生发展的主动性。

（二）发展存在不平衡

身心发展的不平衡具体表现在两个方面：其一，同一身心方面在不同年龄阶段的发展速度不同，有的时候发展快，有的时候发展慢；其二，个体身心的不同方面发展早晚不同，有的方面发展早，有的方面发展晚。以学生的身体发展为例：学生个体身体发育存在两个高峰期，一个是出生后一岁左右，再一个是青春期。处于这两个时期的个体的身高和体重会迅速增长，增长速度明显高于其他年龄阶段。教师要关注学生的身体素质就需要关注这两个阶段，特别是第二个时期，因为这是处在学校教育时期，教师应给予更多关注，促进学生的身体发展。生理、心理是个体发展的不同方面，这两个方面成熟早晚是存在差异的，生理成熟在青春期后基本就完成了，而心理的成熟则需要更长的时间。单纯就拿心理方面的感知、思维、情感等来说，我们发现感知方面成熟在前，思维和情感成熟在后。人类身心发展呈现出来的这种不平衡性引起了心理学家的重视，为此他们提出了"关键期"的概念，其目的就是让教育者重视身体和心理发展的最适宜的时期，在教育方面做好促进工作。而且，研究发现，一旦错过关键期，教育效果就会大打折扣。

（三）发展呈现阶段性

由于个体在不同年龄阶段呈现出的特征和面临的发展任务有所不同，所以个体的发展呈现出阶段性的特点。我们可以按照年龄来进行阶段划分，比如分为婴儿阶段、幼儿阶段、儿童阶段、青少年阶段、青年阶段、成年阶段、老年阶段等。心理学家埃里克森根据人格发展规律，把人格发展分成了八个阶段，这八个阶段分别是：婴儿前期（0～1.5岁），其主要任务是解决基本信任和不信任的心理冲突；婴儿后期（1.5～3岁），其主要任务是解决自主与害羞和怀疑的冲突；幼儿期（3～6岁），其主要任务是解决主动对内疚的冲突；童年期

(6～12岁），其主要任务是解决勤奋对自卑的冲突；青春期(12～18岁），其主要任务是解决自我同一性和角色混乱的冲突；成年早期(18～25岁），其主要任务是解决亲密对孤独的冲突；成年中期(25～65岁），其主要任务是解决生育对自我专注的冲突；成年后期(65岁以上），其主要任务是解决自我完整与绝望期的冲突。这八个阶段中的每个阶段面临的任务是不同的，只有每个时期都解决好面临的基本任务，才能促进其人格的健康发展，才能让每个时期呈现不同的阶段特点。学校教育应该把握学生所处的阶段，依据该阶段的特点实施可以促进学生健康发展的教育教学。

（四）发展呈现互补性

所谓的互补性是指，当个体某一方面存在机能损失或不足的问题时，他会通过其他方面的超长发展来补偿这种损失或者不足。最常见的，如一个人双目失明，但是我们会发现其听觉、触觉等格外灵敏，个体正是通过听觉或触觉的格外灵敏来弥补视觉的不足。也就是说，如果我们的机体存在某方面缺陷，为了能让我们更好地适应环境，机体其他部分会来弥补这种不足，为个体的生存发展提供更好的条件。此外，这种互补也可能是心理和生理之间的，我们常说的"身残志坚"就是很好的例子，身体残疾了，但这可能会让个体意志更加坚强，从而弥补身体方面的不足。

了解这种互补性后，教师在教育教学中要对学生一视同仁，尊重每个个体，特别是某些方面存在缺陷或者不足的学生，试着发现她或他可以弥补不足的方面，促进个体发挥出可以弥补自己不足的能力或特长。

（五）发展存在个体差异

教师在教育教学中会不自觉地把班级学生常模化，忽视学生个体的差异，这就容易导致教育教学对某些学生是无效的，甚至是有害的。所以，教师必须注意到学生之间的这种个体差异。虽然班级里的学生年龄相同或者接近，但是仍然存在相当大的个体差异。比如，男女学生之间就会存在差异，而这种性别的差异又会引发生理、社会角色等的差异，这些差异需要教师在教育男女学生时给予充分注意。个体差异还包括个体先天素质的不同、生长环境的不同、自己努力程度的不同等。教师只有注意这些差异，并在教育教学方面关注到个体存在的特殊教育需要，提供适合的教育和个性化的教学来充分满足每个学生的发展需求，才能让更多的学生得到更好的发展。如果忽视学生个体之间的差异，那么学校的教育教学就不能取得成功，很多学生的发展会因不当的教育教学而受阻，这是很不妥当和不负责任的。

四、丰富学生发展知识的建议

(一)积极学习

在教育学、教育心理学和发展心理学中都有专门针对学生发展的相关研究和论述，教师可以加强对这些专业理论的学习，结合自己在实践中的认识，深化对知识的理解，并把这些学生发展方面的理论知识再贯彻到自己的教育教学实践中去。

(二)参加培训

培训是对教师最好的福利，教师可以充分利用学校请专家来校讲学或者自己被派出学习的机会，积累、总结学生发展方面的知识。此外，教师还可以通过申请到高校进修、提高学历等方式，进一步拓展自己在学生发展方面的理论知识。

(三)参与教师成长共同体学习

寻找一些与自己目标、观念、信仰相近的人，在相互协商形成规范和分工的前提下，相互合作，运用学习工具和资源，共同学习、共同挑战复杂问题，共同提高，这就是教师学习共同体。依托这种成长组织或形式，大家可以一同学习和研究有关学生发展的知识，在实践中不断积累，不断提高。在共同体的组建中，可以吸纳不同领域的专家加入，这样可以让教师从多个角度审视学生的发展问题，从而收获更为全面的学生发展知识，更好解决遇到的学生发展问题。

第四章　教育教学能力素养

第一节　语言表达能力

科学技术迅猛发展的今天，社会上的各行各业都经历着前所未有的变革，教育事业也不例外。特别是实施新课程改革之后，教师就要最先做出相应的变革。社会发展越来越注重人性化，我们的教学也相应地要以培养学生的健全人格为前提。新课程改革的教育理念强调"以人为本""关注学生个体""尊重学生主体"等。这些新的教育教学理念呼唤教师要迅速转变自身的角色。教师是引领学生身心成长的重要导师，教师的语言表达能力是教师工作的必要能力。教师要通过语言表达教授书本知识，培养学生学科技能，可见，语言表达对于教育教学效果的实现具有多么重要的意义。因此，作为教育教学能力素养的重要组成部分，教师语言表达能力的培养要得到重视。

一、教师语言表达能力在教育教学中的作用

语言表达，是教师实施教育教学的主要方式。具备优秀的语言表达能力，对于教育教学效果的实现至关重要。简单说来，教师的语言表达能力在教育教学中有以下四点作用。

第一，良好的语言表达能力在传输学科专业知识方面发挥作用。教学过程是一种特殊的认识过程，教师通过精心设计的教学流程，将学科专业知识传输

给学生。知识的科学性、系统性、层次性、精确性，都是借由良好的语言表达来实现的。因此，教师要根据所教学科专业知识的特点、所教学段知识与学科知识之间的联系、所教班级学生学习的基础等，灵活地选用恰当并有效的语言表达方式。比如，教文质兼美的课文时，教师可以使用富有情感的生动的语言表情达意，让学生在优秀文学作品的濡染中吸收人类精神文明与中华民族文化的精髓；而在教授数学等兼具精确性与逻辑性的课程时，教师的语言则要干脆利落，不拖泥带水，以准确有效地让学生理解与把握知识为原则。

第二，良好的语言表达对激发学生追求真善美有作用。教育是将人类由远古原始时期发展到现代文明时期所积累的优秀的生产劳动经验与宝贵的人类智慧以知识传授、技能训练、心智培养的方式向下一代传授的重要过程。在教育教学的过程中，青少年儿童应由教师的引导产生对人类这一高等生物进化发展中凝练的智慧与真理的敬畏之情，应对所学的学科知识与体系具有潜心向学的意志力，应对人类创造的音乐、美术等艺术形式拥有基本的审美能力和相应的追求。因此，在教学实施过程中，教师应通过良好的语言表达，将人类文明发展的画卷全面而生动地向学生铺展，将科学知识系统清晰而深入地向学生揭示，使学生产生作为文明创造者之一的自豪感与潜心向学的意志。

第三，良好的语言表达对启发学生心智发展有重要作用。我们常说，教师要学会做学生的良师益友。不同学段的学生处于不同的心智发展阶段，教师要以自身成熟的心理与情绪状态、对社会生活的理性认知、为人处世的优秀经验来成为学生的成长导师，这也是现代社会赋予教师的新的责任与义务。随着社会快速发展，教育教学也不仅仅是传授学科知识，而是要促进和实现学生的全面发展，提升学生对社会生活的适应力、对自身工作生活的胜任力、对社会责任的承担力，而这都需要培养学生积极阳光的心态、富有创新性与实践性的思维能力、不畏艰难勇于开拓进取的意志。教师只有掌握教育学、心理学等相关专业的知识与技能，结合学生的年龄特点与心智发展阶段性特征，选择适切的语言进行交流引导，才能够达到春风化雨、润物无声的良好教育效果。

第四，良好的语言表达能力在促进教师专业发展方面有作用。良好的语言表达能力可以帮助教师较快地实现良好的教育教学效果，较快地在教学过程中获得来自于学生的积极反馈。当及时接收到来自学生与家长的积极反馈后，教师对自身教育教学能力的自信心与自我身份认知的自豪感就可以顺利地建立，从而更积极地探索与采取更有效的措施继续实施教育教学，这样，良好的专业成长的循环就形成了。在这个过程中，教师的专业能力不断提升，专业自信得以建立。

二、良好的教师语言表达的特点

良好的语言表达不仅能够准确地传递信息，还能够吸引听者的注意力，保持良好的表达效果。具体而言，好的语言表达具有以下的特点。

首先，简洁凝练，叙述流畅，条理清晰。这是由教师讲课的特点决定的。学科知识具有一定的内在逻辑性和准确性，叙述时要从这些特性出发，进行有效的表达。如果教师的表达啰唆不清，缺乏条理，甚至前后矛盾，那么，这对于学生系统地获得学科知识是不利的。因此，教师在表达中，要力求准确精练，前后连贯，条理清晰。

其次，知识传授的语言应深入浅出，明白易懂。语言是一种表意文字，如果在表达中多运用故事叙述、举例、比喻等能够将深奥道理生动形象化的方式，学生就能比较容易地吸收知识。教师通过语言表达来向学生传授知识，只有把话说得明白，易于理解和接受，才能真正起到作用。教师不能够依仗自己学科知识的渊博而故作高深，这会使得学生如听天书。学生的知识技能基础与具有专业背景的教师不同，同时学生的心智发展水平也与教师不同，教师要真正切合学生实际，选用恰当的语言来表达。

最后，教师的语言应讲究表达艺术，富有情感。教师的教学主要以语言设置教学情境。好的课堂教学，能够使学生"如临其境""如见其形""如闻其声"，能够在课堂开始的那一刻迅速把学生带入学习的情境中，学生犹如磁石一样被教师与教学内容深深吸引住。在这种情境中，学生自然专心向学，朝着教师引领的方向主动地进行智慧与技能的探索，学习也自然就成为一件令人心生向往的快乐的事。难怪有人会将语言比喻成能够指挥千军万马冲锋陷阵的强大武器，能够使强大力量崩塌于瞬间。掌握好语言表达的艺术，可以令课堂锦上添花，精彩迭出。

修炼好课堂教学语言需要平衡好以下几组关系。

第一，课堂教学语言的量与质的关系。现在，满堂灌的课堂教学已经退出历史舞台，但是，教师课堂语言的数量到底该如何把握，又该以什么样的标准来衡量课堂语言的多与少呢？这要以课堂教学组织的需求，课堂教学目标的有效达成作为标准。首先，课堂教学语言必须是充足的。随着信息技术的加入和课堂中对于学生主体地位的提倡，教师在课堂上的地位就成了一个争论不休的问题。施良方和崔允漷的观点是要充分发挥教师"教"的主体性和学生"学"的主体性。以"学生为中心"，是以学生的发展、以学生的有效学习为中心，而并非一切以学生为主。所以，课堂教学语言必须是足够的，是能够保障教学有序进行的。教师要明确学习目标、学习重难点，组织课堂有序教学，采用恰当的教学方法等，从而保证教学任务的有效达成。其次，课堂教学语言要重"质"。不少教育专著都不同程度地指出教学语言的简明性。简洁的语言可以帮助学生听得清晰明白，但课堂知识的学习形式决定了课堂语言需要适当的重复来帮助学生强化记忆。重点突出，适当重复强化，教师才能把握住课堂上语言运用的相对数量，提升语言表达的质量。

第二，课堂教学语言的权威与民主。一言堂式的教学是将知识进行简单灌输，新课程理念要求我们摒弃这种陈旧的教学模式，这在课堂教学语言上的表现，就是由灌输型转向民主型。以往的教学，课堂内容是教师精心设计好的，课堂流程、具体使用的材料都尽在教师掌握中。教师是课堂的权威，而老师评判学生对错的标准则是依据教学参考书上的标准答案。目前，新课改形式下的课堂，教师以尊重学生个体为基础，尊重学生的思维与独创性，不做简单的对错判断，鼓励学生主动性地表达自己的见解。学生的思考力与创造力得到了很好的保护，可见，多用商讨性的语言是课堂语言的必然需求。

第三，课堂教学语言的灌输与启发。《基础教育课程改革纲要（试行）》中指出，要"改变课程实施过于强调接受学习、死记硬背、机械训练的现状，倡导学生主动参与、乐于探究、勤于动手，培养学生搜集和处理信息的能力、获取新知识的能力、分析和解决问题的能力，以及交流与合作的能力"。知识与技能的学习由学生自主探究完成，让学生自己发现问题、探索问题，从中获得知识和能力、情感和态度的发展，从而得到探索精神与创新能力的发展。

三、教师提高语言表达能力的途径

语言是我们日常交流的主要工具，是教师传道授业的主要载体。教师的口头语言主要指的是教师的日常教育教学用语，口头语言表达的能力是教师教育教学的基础，是教师必须具备的能力之一。一节成功的课，教师以独特的表达魅力驾驭课堂，逐步引领学生到达知识的殿堂，激发学生强烈的学习欲望，激发学生主动学习的积极性。同时，教师良好的口头语言表达在传授知识的同时，也能带给学生精神层面的高尚追求，促进学生美好的心灵和高尚的人格的构筑。教师良好的语言表达能力，需要在平时的学习中不断积累和实践，在日复一日的训练中实现提升。

要提高自己的语言表达能力，建议教师们从以下几点下功夫。

(一)精心备课，吃透教材，构建内在的知识系统与资源库

课前要做到精心备课，在深入全面地钻研教材的基础上大量阅读相关的资料，并对资料进行进一步加工和优化，总结归类。每位教师的课堂都有自己的特色，有的生动有趣、有的睿智深刻……每位老师应根据自己的教学风格与所教学科的气质，研磨透彻，打造出自己的口头语言风格，或生动活泼，或精妙简练，或妙语连珠……让学生产生浓厚的学习兴趣。

(二)语言丰富，翔实具体，清晰流畅

好的语言表达能力是枝叶，而对学科知识和其他相关知识的把握是根本。教师只有具备了充分的学科知识基础和相关的专业学识，才能够在课堂上游刃有余、信手拈来。也只有具备了本专业学识的精，和其他相关知识的广，教师才能够在课堂上有"源源不断"的"活水"来。我们可以想象一下，如果教师在课

堂上仅凭教科书和参考资料中有限的知识来进行讲授，说来道去，就是那么一点内容，学生一听即知，这样的课堂怎样谈得上优质呢？"要交给学生一杯水，教师要有一桶水"，在网络知识随处可在的现代社会，学生学习和吸收知识的途径如此丰富多元，教师只有不断地扩充和完善自己的学识，练好自己的教学基本功，才能成功陪伴学生成长。有了丰富的学养与专业知识作根本，教师何愁课堂上不能够机智连连，处处精彩呢？

（三）精密准确，遵循学生身心成长规律

每个阶段的学生有其相应的身心成长特点与规律，也有对应的听课特点。课堂教学中，教师的语言不仅要做到表达准确清晰，还要做到：对于概念性的知识，用词准确无语病；对于描述性的内容，用词丰富形象，生动具体。教师的口头语言要恰当精确地表达自己的思想与情感，不能太过随意散漫，最好能够结合不同发展时期与学段的学生听课特点进行讲授。

（四）重点明确，清晰有序，通俗明了

教师的课堂教学语言应做到重点明确、清晰有序，围绕教学任务展开。表达过程应清晰有序，层次分明，对于教育重难点，应繁不简，应简不冗。教师应将知识点合理有序地进行教授，使听的人能够脉络清晰，抓住主次。如果教师在课堂教学中漫无目的地东拉西扯，那么学生听起来就会摸不着头脑，越听越糊涂，这样的课何谈教学效果呢？

教师语言的锤炼，看似简单，实则复杂，绝非一日之功。教师要有水滴石穿的精神，不懈地努力，在课堂教学的舞台上绽放出独具特色的光彩。

第二节　教育教学能力

2014年9月9日，习近平总书记在与北京师范大学师生代表座谈时指出："教师重要，就在于教师的工作是塑造灵魂、塑造生命、塑造人的工作。"教师的根本任务是教书育人，培养和提升教师的教育教学能力，应该以育人能力为核心。

一、教师应具备的教育能力

大量的教育实践表明，教师的教育教学能力是影响学生身心成长的重要因素。教师具备高水平的教育教学能力不仅可以促进学生养成良好的学习习惯，有效提高学生的学习成绩，还能够帮助学生形成积极的心理素质，对促进学生的全面发展起着重要作用。

既然教育能力如此重要，那么教师应该具备哪些教育能力呢？根据笔者二十多年的研究，总结四点供大家参考。

(一)亲和力

"亲其师，信其道"，良好的亲和力是教师开展教育的基础能力，如果教师无法让学生亲近，那么学生就很难信任教师，这种情况下，教师讲的道理无论多么深刻、透彻，都很难被学生接受，甚至还可能产生反效果。

建立亲和力从自我觉察、反省、修炼开始。人贵有自知之明，一个人只有深入地了解自我，才能了解他人。所以先深刻地认识自己才是真正具备良好的人际亲和力的基石。在成长的过程中，每个人都会有一些创伤和问题所在，也许会在童年时代感觉到自卑，或者自负，或者曾经遭受到各种各样的心灵上的创伤，这些问题的存在都会影响到成年之后的人际交往能力。童年时代的潜意识中的某些东西会支配自己成年后的某些行为。如果教师能够对自己的潜意识有深刻地了解和洞察，就能为形成良好的亲和力奠定基础。

另外，要时刻注意自己的情绪，防止烦躁情绪的干扰和破坏，不要让负面情绪影响到周围的人。一个人的情绪状态会体现在他的肢体和表情上，从而会影响到周边的人际关系。

除了上述的自我觉察之外，下面的一些技巧也有助于帮助教师在短时间内建立亲和感。

建立亲和力技巧之一：4S 技巧

See：注视。当我们和他人交流的时候，最好是很自然地看着对方，这样传递的信号是"我很重视你"，对方也会接收到这份信息。

Smile：微笑。对他人微笑的含义就是"我很高兴见到你"。这对他人来说，是一个很大的肯定。微笑是人际交往的第一份见面礼。

Shake hands：握手。通过握手，双方发生合理的肢体接触，拉近彼此的距离。握手的时候要注意正确的姿势和力度，要传递你的真诚和热忱，不要让对方产生被轻视的感觉。

Speak：说话。有前面三个环节做铺垫，最后才开口说话，这样就为双方的进一步交流打下了良好的情感基础。说话的时候除了注意自己的语言内容之外，还要特别注意语调和声音的高低。

建立亲和力技巧之二：多用鼓励、肯定、赞美、关爱、支持的语言

人性的特点之一就是渴望被赞美和认可，喜欢被表扬，不喜欢被批评，喜欢被鼓励，不喜欢被打击。对于成长中的学生，教师的鼓励、肯定等言行显得尤其重要。所以，教师在和学生交流的时候尽量不要过分强调自己的权威，而是要多一些人文关怀。学生做得好的地方教师应及时给予鼓励、肯定和支持。平时交流的时候，教师可以多关心一下学生的生活状况，在学生遇到困难的时候及时伸出援助之手。

(二)觉察力

觉察力是提高教师教学能力，增强教育效果的关键能力。教师要想恰当地开展教育，就必须得"预"，得准备，得觉察，得从周围大量的信息中辨别和提炼出有用的信息，为教学做好准备；并且还要能够找出事物的发展规律，敏锐地预见到事物发展的动向，及时地关注并且善于发现其中的"机关"，从而解开教学的"密码"。

首先，教师要善于自我觉察，善于反省总结，这样才能不断提升自己的教育能力。教师要会觉察自己的情绪，不要被情绪控制，不要成为情绪的奴隶。情绪往往会控制我们对外界信息的反应，而对外界信息的认识和理解又往往影响情绪，因此教师要在自我觉察方面不断提升，尽量减少情绪对沟通的负面影响。具体来讲，教师可以将教育生活的每一个当下、每一个事件，都当作是自己的一面镜子，透过镜子来觉察自己，并自我沟通，以此提升自我的觉察能力。

其次，教师要会觉察行为细节，这里主要指身体语言，因为身体语言往往更能体现出学生内心的真实想法。文字因为可以修饰加工，在缺乏语气、表情的情况下，就很难呈现对方的真实想法。相对于文字，语言传递的信息更丰富，语调、语气也会让文字信息产生不同的意思。例如"你好"二字，不同的语调语气表达的信息完全不同，可能是礼节问候，可能是真情流露，也可能是讽刺打击。语言同样可以加工掩饰，所以很多时候谎言听起来可能会比真话更可信，但是人的肢体语言就比较复杂，脸部表情、五官动作、躯干姿态、手部位置、双腿摆放等都会展现一个人内心的真实想法。如果一个人内外一致，往往会在文字内容、语气语调、肢体语言等各个方面保持统一；如果一个人有所掩饰，往往不可能顾及各个方面，总会在某个环节出现矛盾。所以，身体语言是最难以掩饰的部分。因此，学会关注学生的身体语言对读懂学生非常有帮助。

再次，教师要会觉察行为背后的正面动机。精神分析学派创始人西格蒙德·弗洛伊德认为：一个人做一些事情，不是为了得到一些乐趣（正面价值），便是为了避开一些痛苦（负面价值）。任何人任何时间的动机无外乎这两个。神经语言程序学的观点认为：行为背后总存在正面动机。例如学生考试作弊的行为背后有获取高分的正面动机，学生课堂讲话甚至讲一些有"轰动效应"的话，可能背后隐含着"渴望被关注"的正面动机，学生迟交作业可能隐含着"把作业做得更完美"的正面动机。如果教师发现了学生错误行为背后的正面动机，那么学生也容易接受对他错误行为的批评并勇于改正，因为当学生行为背后的正面动机被肯定和接受之后，学生在潜意识里会感到放松，会有一种被理解的感觉。

当一个人的正面动机被肯定认可后，他就会感觉自己被别人接纳，从而会愿意调整自己的行为，用合理的方式来实现动机。

最后，教师要会觉察情绪背后的内心渴望。心理学研究表明，当教师能够充满教育的自信，用爱和宽容来看待学生的行为时，就很容易找到学生情绪背后的正面意义和内心渴望，然后就可以根据学生的内心需求来给予积极的教育。情绪的背后隐藏着内心的渴望，如果这份渴望得到关注、照顾和认可，这份情绪就容易释放，从而回归理性，接受他人的教育。

（三）聚焦力

心理学有一个"焦点在哪里效果就在哪里"的理论。如何在教育中调整、关注合理的焦点是直接影响教育效果的重要因素。教师能否聚焦于有效的教育目标进行教育，是衡量一个教师教育能力的重要指标。

教育的焦点一般分为关注"问题、困难"和关注"目标、效果"两个方面。一般的教师往往会关注问题、困难，这样的教师在教育的过程中会习惯性放大困难、问题，而疏忽了真正想要追求的目标。关注困难会加剧情绪化，情绪化会造成言辞不当，所以这样的教育过程也往往会伴随着伤害、痛苦。见图 4-1。

图 4-1　悲观者看到的

充满爱心、富有智慧的教师一般是关注目标、效果，这样的教育过程伴随教育智慧，春风化雨，润人心扉。这样的教师在教育过程中不会被一些外来的因素干扰，即使出现暂时的困难，他们也更容易跨越困难关注目标，然后再寻找解决困难且可以通向目标的方法。见图4-2。

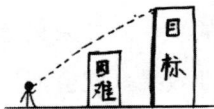

图 4-2　乐观者看到的

有些教师没有焦点意识，也不考虑教育效果，只是按照自己的理解想当然地讲一些空泛的理论，只是讲自己想讲的，而不考虑听者要听的，习惯性地给学生讲一些人生真理，例如，"吃得苦中苦，方为人上人""宝剑锋从磨砺出，梅花香自苦寒来"，这些至理名言不可谓不深刻，那么从教育效果上看如何呢？有的教师讲道理的水平很高，旁征博引，口若悬河，可是却得不到学生的认可，甚至还会换来反感。班主任说学生是"老油条"，屡教不改；学生说教师唠唠叨叨，只会"唐僧说教"。是学生真的"不可救药"了，还是教师的教育落伍了？事实上，这都是缺乏教育聚焦能力的表现，只会泛泛谈论空洞的道理是很难产生好的教育效果的。

还有一种情况就是，教师一开始有明确的教育目标，但随着教育的互动，干扰因素不断增加，慢慢就迷失了自己真正想要追求的是什么，一步步被外界干扰，最终偏离目标。在和学生沟通的时候，一些教师往往不清楚为什么沟通，焦点不明确就容易在沟通的过程受学生的影响，如果遇到一个能言善辩的学生，还容易被学生的思维牵引，造成沟通的被动。

因此，要提升教育能力，教师首先要思考一个问题：我的焦点目标在哪里，教育的终极目标指向何处？

那么该如何进行教育聚焦呢？教师一定要坚守一个基本原则：有利于学生身心健康发展，帮助学生成长为最优秀的自己。这是教育的终极目标，而不是简单地把目标定位为分数、升学等。要做到有效果，还必须尊重学生的感受、信念和价值观，相信每个人都有能力掌控好自己的命运，教师只是帮助学生认识到自己该怎样选择。教师同时也要协调好教育的长期效果与具体问题的短期效果的统一。如果只是强调长期效果，可能会造成教育的虚无主义；如果只强调短期效果，就会催生强化功利主义。所以，教师在确定教育焦点的时候，既要考虑学生眼前的需要，又要关注学生未来的发展，只有这样，我们的教育才能真正实现"人"的教育。

（四）变通力

我国的传统价值体系特别强调变通，所谓"变则通，通则久"就是对变通力的准确描述。在强调"终身学习"的今天，作为推动学习的主力军——教师，更应该率先垂范，提升变通力，让教育适应时代的发展。遗憾的是，现实生活中的很多教师不愿意改变，或者根本没有意识到自己需要改变，习惯用已有的教育经验来对待新时代的学生，在发生教育冲突、影响教育效果的时候，也习惯把责任推给学生。

心理学研究表明：好的动机是一个人去做某一件事的原因，但是不意味着他有控制别人，或使事情恰如他所愿发生的权利。不强迫别人跟随自己的信念、价值观和规矩，别人便不会抗拒。因此，教师的变通能力对教育效果至关重要。

在任何一个系统里，最灵活的部分便是最能影响大局的部分，最灵活的人便是最有能力的人。灵活不代表放弃自己的立场，而是容许找出双赢的可能性。因为在沟通中，明白不代表接受，接受不代表放弃立场。灵活是用自己的步伐去作出转变，而固执则是在被迫的情况下作出转变。

二、教师应具备的教学能力

有人问苏霍姆林斯基："你准备这节公开课用了多长时间？"苏霍姆林斯基说："如果仅仅是说这一节课，只用了一个小时；如果说产生的整体教学效果，则是用了三十多年，因为我每天都在阅读、学习、反思，不断思考如何提升自己的教育教学水平，如何构建自己的教育体系。"因此，要想成为一名优秀的教师，就要特别注意提升自己教育教学的综合能力。

教师的教育教学能力是教师能力的重要组成部分，对教育教学效果的实现起着至关重要的作用。那么，教师应具备哪些教育教学能力呢？笔者认为，教师应具备以下的教育教学能力。

(一)钻研教材的能力

教师以教学为本，要站好讲台，首先必须备好课。备好课的第一步，是钻研教材，把教材的体系钻研透，形成自己的教学知识体系。上好一堂课，往往是一个教师综合素养的体现。一个学识渊博的教师会用更宽广的视野、更丰富的内容、更灵活的方法来准备一堂课，对教材的把握也更深刻、更准确。第二步，要研究教学大纲、教学内容，特别是新课程改革后课程标准、课程内容的相应变化，明确教学目的、教学重难点及要求。第三步，研究学生，研究教学目的、教材内容和学生知识能力之间的内在联系，找到能让教学内容适应学生发展的教育教学途径和方法。走好这三步，才能保证备课的效果，才有利于提高课堂教学质量。

(二)研究学生的能力

教学是教师、学生、教材三者之间的对话，深入了解学生，是教师有效进行教学工作的基础。教师要充分了解学生的身心成长特点及学习现状，包括学生的学习类型、接收信息的方式、知识基础、智力水平、思想状况、道德水平，以及学生的兴趣、爱好、性格等；此外还要对学生的言谈举止有敏锐的觉察力，了解学生言行背后的动机。只有充分了解学生的实际情况，教师才能够在教育中做到有的放矢，也才可能真正做到因材施教。

(三)教学组织能力

新课程强调，教师是学生学习的引导者、组织者和合作者，教师角色已从知识的传授者转变为学生发展的促进者。在教与学的交往、互动中，师生双方相互交流、沟通、启发、补充，分享彼此的思考、经验和知识，交流彼此的情感、体验与感悟，充实教学内容，求得新的发现，从而达成共识、共享、共进，实现教学相长和共同发展。

教师新的角色和功能定位，要求教师应具备较强的组织能力。例如，进行教育教学活动，教师必须具备制订教学计划、动员学生学习、组织课堂活动、进行评价反馈等方面的能力；在组织教学活动的过程中，教师必须善于启发学习，激发学生的学习兴趣，集中学生的学习专注力，灵活地处理教育教学中遇到的难题与突发事件等。教师组织教育教学活动的能力，需具有一定的创造性，既需要具备一定的专业知识基础和基本的教育教学理论，还需要具备教育教学实施的技能与策略选择的能力，需要具备对教育教学的热忱以及能够不懈地进行研究、总结的意志力。

(四)良好的语言表达能力

语言是人类交流信息与思想的基本工具，教师的教学以语言信息的传递为主，语言表达能力如何，直接影响教师的教育教学效果。在教育教学中，教师不仅要发音标准，而且发音要具备美感与音韵感；同时语言要简练流畅，思路清晰，能将重难点交代清楚；此外还要富有层次性、条理性，能够化抽象为具体；最后还要富于感情，能够传达出对知识与真理探求的真诚与热爱，以此带动学生的学习热情。

(五)进行教育科学研究的能力

教育科学研究是教师专业发展的重要途径。在教育教学实践中,教师要善于总结与反思自己的经验,使之得到不断的优化与提升,将经验上升到理论。教师要善于从期刊报纸、理论书籍中汲取与自己的教学实践相适应的教育理论,主动自觉地进行运用,并在教学实践中进一步地完善。教师还要从大量的现象中探索出规律性的东西,形成具有自我特色的教育实践理论。

三、教师如何提高自己的教学能力

一个刚走上讲台的年轻教师,成长为富有教学经验的优秀教师,需要经过不断地积累、探索和完善。因此年轻教师应该从以下几个方面不断努力。

(一)多听优秀教师的课

听课,是一个年轻教师快速成长的有效途径。聆听有经验的优秀教师的课会给年轻教师带来很大的启发。每一次听课,新教师如果能对照优秀教师的教学过程反思自己的讲课方法,择其善者而从之,就能让自己的课堂教学能力不断提升。

(二)广泛阅读教学资料

闲暇之余,年轻教师要常常阅读本专业的期刊、书籍,拜读名师的心得、论文,登录有关的教学网站,不断学习新的教学思想和教学理念,借鉴新颖多样的教学方法,不断完善自己的课堂。

(三)及时进行课后反思

年轻教师在教学成长的道路上,不可避免地要犯这样或那样的错误,如何改正和避免这些错误,离不开每一节课后的教学反思。很多优秀的教师就是借助写教育叙述,在叙述中反思,在反思中提升,让自己的教学能力如春起之苗,不见所长,但日有所增。

(四)积极探索多样有效的成长模式

互联网时代,人与人之间的交流打破了时空限制,人成长的模式也日渐多元化。借助互联网，年轻教师和志趣相投的教师组建以提升育人能力为核心的发展共同体，可以实现教学能力的共同提升。教师发展共同体是促进教师之间合作、激发教师自主发展的有效形式。各个区域和学校应当支持和引导组建以提升育人能力为核心的形式多样的教师发展共同体，借助微信、网络会议、QQ 群等途径，建立内部研讨和交流制度，定期开展相关活动，逐步形成"你帮我，我帮他，大家帮大家"的良好教育生态系统，通过教师之间的相互学习、共同研究，促进教学能力的共同提升。

(五)通过课题研究，提升科研能力，进行专业发展

苏霍姆林斯基认为，一个努力提高自己的教师会不断地处理着理论与实践的关系，好像是在用理论的光芒照亮自己前进的道路。这也是他成长和积累丰富经验的基础。苏霍姆林斯基更强调理论与实践的结合，在实践中进行探索和研究，并认为这是教师提高教育教学素养的基本途径。

朱永新认为，科研应该真正打动教师的心灵。中小学搞教育科研，就是应该从记录自己的教育现象，记录自己的感受，记录自己的思考开始的，把这一串的"珍珠"串起来，那就是一条非常美丽的项链。

课题研究是提升教师科研水平的重要途径，教育行政部门提供的科研平台可以帮助教师在科研道路上走得更快、更稳，帮助教师完善知识结构，丰富专业知识，提升专业能力。

(六)借助信息技术，加速专业成长

信息技术改变了人的思维模式、交互模式，对教师的专业发展起到促进的作用。在专业发展的过程中，教师可以利用现代教育信息技术促进自身的专业发展，从而减轻工作负担，比如多媒体可以帮助教师做好课堂教学记录，使用计算机办公软件可以帮助教师处理各种文字、数据材料等。

第三节 课堂管理能力

课堂是教学的主阵地。如何管理课堂，提升教学效果是教师的一项重要能力。新课程标准要求更多的课堂互动与交流，合作与探究，这样的教学样态对教师的课堂管理能力提出更高的要求：如何组织更高效的，有利于学生参与、交流、合作的课堂学习环境，如何构建以学生为主体的课堂教学，如何利用有效的课堂教学管理来促进教学效果的达成等。

具有教学经验与教育智慧的教师能够营造和谐的课堂教学氛围，课堂节奏张弛有度，教学智慧随处可见。课堂氛围是和谐而愉快的，学生的学习感觉是愉悦的，教师的教育是幸福的。

课堂教学管理能力，是指教师在教学过程中充分调动影响教学的各种因素，营造良好的学习环境，调动学生学习兴趣的一种综合能力。教师要在激发学生主动积极地学习的基础上，营造良好的沟通、交流、合作的课堂学习氛围，从而保证教与学的有机协调。教师的课堂管理一般有五个方面：教师的自我管理、对学生的管理、教学内容的管理、对课堂教学时间的管理和对教学环境的管理。

一、教师的自我管理能力

《中华人民共和国教师法》总则第三条规定："教师是履行教育教学职责的专业人员，承担教书育人，培养社会主义事业建设者和接班人、提高民族素质的使命。"教师是学生智慧与心灵的培育者，将人类文明知识的种子和社会实践的知识经验传授给学生。所以教师自身的素养至关重要。教师只有不断地完善自己，才能进一步教好学生。教师的自我管理包括两个方面。

一是师德。德者，乃道之形、道之显也。师者也，教之以事而喻诸德。教师的职业道德是从事教学工作的脑力劳动者在教学实践中所应遵循的道德规范。教师职业道德的产生和发展，是同人们教育活动的发展相联系的，它对形成教师的职业心理和职业理想，形成教师特有的道德习惯和道德传统，起重要作用。在阶级社会里，教师的职业道德是有阶级性的，它是一定阶级的利益和意志的体现，是为统治阶级巩固自己的统治服务的。它从道义上规定了教师在教育劳动过程中以什么样的思想、感情、态度和作风去待人接物，处理问题，做好工作，为社会尽职尽责。它是教师行业的特殊道德要求，是调整教师与教师、教师与学生、教师与学校领导、教师与学生家长以及教师与社会其他方面关系的行为准则，是一般社会道德在教师职业中的特殊体现。

二是课堂教学能力。每位从师范专业毕业走向讲台的教师无不具备合格的专业知识和相关的学术储备，但距离成为一个优秀的教师还有很长的路要走。其中，至关重要的就是课堂教学能力的提升。课堂教学能力是一位综合性强的能力，要求教师既要把握学科专业知识的理论框架，把握所任教学段知识在其专业知识中的位置与前后相关性；又要把握学生阶段性身心成长的特点，与前后学段学习特征的差异与衔接要求；同时，还要把握课堂中所可能遇见的问题和突发事件出现时候的解决机制与经验。所以说，成为一个优秀的教师，讲台上的修炼之路必将是一个丰富而又曲折的过程。

二、学生管理能力

教学的对象是学生，教学任务的有效完成是以学生学得的知识与技能为根本的衡量标准的，所以，课堂管理中最重要的部分是对学生的管理。教师对学生的管理能力主要包括以下三方面的内容。

第一，对学生的行为进行解析的能力。不同年龄段的学生，具有不同的身心成长阶段的特点；同一年龄段的学生，因其成长差异或心智成长特点的不同，在学习时也会呈现出相应的差异。比如说，在课堂上，教师看到坐姿端正，轻易不挪动位置的学生，总认为其在专心听讲；而在座位上经常做些小动作，或者边玩边听的总是被认为是不认真听讲的学生。但有时，从学生听课的效果检测来看，坐姿保持端正的学生可能是习惯性服从，听课时正在走神；而总是边玩边听的学生，他可能一直在听课，教师所讲的内容都听懂了。只是因为这两个学生的不同的学习特征而导致了教师对他们的误会。另外，在心理学理论中，我们可以知道每个人吸收信息的途径略有区别，根据其吸收信息途径的所占比重的多少分为视觉型、听觉型、感觉型、综合型。视觉型的学生对于色彩鲜艳的物体，色彩感强的文字感受较深；听觉型的学生对于描述性的，逻辑性的文字感受较为清晰；感觉型的学生对于表述感受的句子和信息理解较为到位。当进行课堂讲授时，教师可以适当兼顾以上几种类型的学生的学习特点，尤其是当学生学习遇到难题时，教师结合学习特点进行引导常能起到事半功倍的效果。

第二，研究学生的课堂行为管理策略的能力。学生的课堂行为可以分为三类：正当课堂行为、不当课堂行为和违规课堂行为。教师首先在理念上应认识到，来到课堂学习的学生都有一个正向的值得肯定的动机，而在学习过程中出现的违纪行为一定有其出现的原因。教学是一项复杂的心智活动。再优秀的教师也不能够完全保证课堂中每个细节的完美实施，同样也难以保证每个学生一定能够达到最优的学习效果，但是教师还是一定要以达到课堂最优效果，让每一个学生得到最大的收获作为努力的目标。所以，当课堂上出现不正当的课堂行为，甚至出现违规行为时，教师不妨给自己和学生一点时间，共同探讨导致这些行为的原因。是教学知识对于学生难度偏大或者偏小，学生学习的耐心意志力缺乏，学生的身体健康情况欠佳，家庭或者其他事情的干扰，教师的教学风格与学生的学习习惯相异，还是出现了其他什么原因？每一个问题的交流都是一次教师与学生共同探究成长的契机。教师要相信学生正向积极的学习意愿，要相信每个学生都有追求真善美追求进步的动机，同时也要相信短期的错误与缺点是人生成长中必经的过程。同时，教师也要不断地反思自己的知识技能系统，更新自己的教育教学理念与技能，学习先进的学习管理经验，比如教练技术、正面管教等实用性较强的技术技能，不断地优化自己的教学能力与方法，课堂教学的成功必会指日可待了。

第三，严格课堂教学中的纪律管理能力。爱有度，严有序，教师对于学生的爱不是无条件的宽容甚至是纵容。严明有序的纪律是课堂教学成功实施的保障，所以纪律管理能力是教师必须具备的。只是，纪律管理要切合实际，切合学生的身心成长。同时，制度和纪律要具备人性化的特点，可以由学生自己来制订与实施。要放手给学生，相信他们自我完善的初衷，由学生自己商讨制订的纪律规章，他们执行起来也心甘情愿，必须实施处罚时也少有悖逆情绪。同时，还要注意一个宗旨，学生或者说一个班集体，不是随着教师的意愿产生或存在的，他们有其自有的成长和发展规律。教师要有耐心，用静待花开的包容和涵养，悉心培育，潜心引导。

三、教学内容管理能力

教师所要具备的教学内容管理能力包括以下两方面。

(一)教学内容的加工能力

教学内容是全国统一且固定的，但是每个班级每个学生的吸收能力与学习特点确是千差万别的，用同一个标杆来衡量所有的学生，用同一种或有限的几种方法来教学，也已经成为被摈弃的教学陋习。清华大学附属小学的窦桂梅校长曾经打过一个形象的比喻，北方的孩子都常吃土豆，如果哪个妈妈每天千篇一律地炒土豆丝给他吃，即使烹饪水平再高，孩子也会吃腻。我们做教师的，就像这个妈妈一样，要做个巧手妈妈，炸薯条、蒸土豆、炒土豆片，或者做奶油土豆泥，做出各式各样的风格来，总是让孩子怀有期待与好奇。紧接着，窦桂梅校长问了一句实在却深刻的话，时代发展了，物质不再匮乏了，这么多有营养的食物可以选择，你为什么只给孩子吃土豆？教师自身的匮乏必将带来教学的贫瘠与乏力。因此，扩充自己的学养与知识面，学习教育教学的新技巧与技能，熟谙所任教学科的知识系统，是每位教师的必修课。

(二)教学内容的输出能力

优秀的教师所具备的一项重要能力就是教学内容的输出能力。对教材的组织剪裁、教学方法的灵活选择、及时准确的教学反馈、对教学难点重点知识的强调加工等，都是输出能力的重要组成部分。我们不能做"茶壶里煮饺子，有货倒不出"、满腹学识却无法传递到学生心田的教师，而要做将知识与技能无碍输出又能够让学生无碍吸收，甚至在教与学的过程中通过智慧的碰撞、交流，能够产生加倍的教学效果的教师。这一能力的获得并非是一朝一夕之功，而是需要教师将理论学习与实践紧密结合，勇于并善于将先进的理念落实到教学中，并结合现实运用的情况不断完善与提升，从中不断成长。

四、课堂教学时间管理能力

课堂教学时间管理，要求教师改变传统的"满堂灌"的教学习惯，在教学之前对课堂的教学流程进行有序的时间规划，安排出紧凑有序的学练结合、探究合作与课堂讲授结合、个体学习与群体探究相结合、学习与反馈相结合的课堂学习。

一堂课有 40 分钟，但科学研究表明，学生的注意力集中时间最多只有 20 分钟。教师只要把握住这最高效的 20 分钟时间，就能实现课堂教学效果的优化。同时，不同学习类型的学生的注意特征也有其差异，在进行课堂分组学习时，教师要适当兼顾其差异进行合理分配，做到取其之间的良性影响而避免其间的负性影响；同样，在学科学习的优劣势上也注意将学生之间进行合理搭配，让他们在课堂学习中起到互相帮助、互相补益的作用。

五、教学环境管理能力

有经验的教师总会在教室环境布置上多下功夫。营造良好的学习环境和氛围，是促进课堂学习的一个重要补充。教师的教学环境管理能力包含两方面的内容。

(一)教室环境的管理能力

一个窗明几净、充满书香的教室，一定是学生学习的首选之地。科学研究表明，优美的环境对知识技能的学习与提高有很好的促进作用，而教室这样一个青少年成长所处时间最长的场所，更应该被布置得整洁宜人，充满知识的学习氛围。有不少教师还会使用隐性文化来进行班级文化建设，精心设计的墙报、班级标语、班级标识，甚至墙上张贴的班歌，无不是一种隐性的教育。一个班级的班级文化布置，是这个班级与其他班级相异的独特的标识，同时，也是班级的一个共同愿景与成长目标。这样，班级的凝聚力与合力也较易形成。班级文化的打造与建设不失为班主任老师的一个好的途径与方法。

(二)心理环境的管理能力

我们经常有这样的感受，班级课堂教学达到一定的时间之后，不同教师所管理的班级就一定会形成独有的一种氛围和风格，有的活泼热烈，有的沉静稳健，有的润物无声。优秀的教师无不是在心理环境的营造上会下巧功的人，他们就像优秀的调琴师，轻拢慢捻，总能找到适合班级和适合学生的力度，弹奏出最合适最和谐的曲调。这个最佳状态的形成定非一日之功，是教师在长期以来的教学实践中，充分把握了学生的性格特点、学习风格特征、教学重难点、教学技巧选择等方面的要点。当然，课堂教学的氛围并非越欢快越和谐越好，松紧适度，适当的紧张感，适当的竞争性，适当的难度，是能够激发更高效的学习的有益氛围，其中的度与技巧就需要教师不断地钻研与思考了。

六、教师如何培养自己的课堂教学管理能力

(一)从理论学习入手培养课堂教学管理能力

世界各国相继掀起的教育改革热潮和我国正在进行的新课程改革与教育教学方法革新，都为教师课堂教学能力的提高提供了理论提升的基础。现代的新教育教学理论纷繁多元，教师只要做一个有心人，善于收集，善于学习，就能够有所收获。

在教育教学管理理念上，教师要摒弃传统教学理念中不能顺应新时代需求的内容，结合学生全面发展的要求来树立课堂教学质量观、以人为本的学生观、民主合作的教学观和优质高效的效益观。

同时，在课堂教学管理上要把握五点原则：目标导向原则、主体性原则、面向全体的原则、知情并重原则、开放性原则。

(二)在教学实践中培养课堂教学管理能力

在教学实践中进行培养，同样有三个途径。

第一，借助他人的教学实践进行学习探索。观摩学习名师们的现场授课，或学习其课堂实录，将他们优秀的课堂教学管理技巧进行换框式思考：在这节

课上，这位老师为何这样处理这个教学问题，他是基于哪几点因素考虑作出的选择？自己的课堂跟他的课堂有哪些相似处与不同之处？如果由自己来上这节课，这些处理方式哪些自己会保留，同时做些什么样的处理和完善？这样，将他人的优秀经验进行恰当的处理和嫁接，能够帮助教师快速成长，并提升理论与实践操作水平。

第二，借助参与课堂教学管理理论的行动研究来提升能力。教师可以与同事组成行动研究小组，集群体智慧与能力共同进步，也可以切合自身的教学进行行动研究。遵循发现和界定问题、提出假设、检验假设、获得结论的思路，对教学中遇到的重难点问题进行深入细致的探究与思考，在思考中进步，在研究中提升。

第三，进行教学反思。美国心理学家波斯纳曾提出过一个教师成长公式：经验＋反思＝成长。我国心理学家林崇德也提出"优秀教师＝教学过程＋反思"的公式。在课堂教学实施后，结合课堂教学中出现的细节与问题进行微观的研究与反思，进行优劣教学管理方法的辨析，在实践与思考的基础上进行理论的梳理与提升，对于教师成长的促进作用不容低估。很多教育专家成长的例子表明，高水平的课后评估和反思能力的获得是优秀教师向专家型教师转化的关键因素。而如何进行教育教学反思，在后面一节会详细介绍，在此不作赘述。

七、课堂管理现状及有效措施

课堂是教育的主阵地，课堂管理也是最能体现一个教师对教育的掌控力的方面。课堂的活动是师生共同的演绎过程，教师往往能够提前准备好自己的教学步骤，但永远无法预测课堂会发生怎样的意外。当意外发生的时候，如果教师置之不理，那么就会降低自己的威信，久而久之会失去对课堂的掌控力；如果教师过于严肃，动不动就进行长篇大论的教育，不但会影响教学进度，还会导致学生的反感情绪。因此，这个时候最需要教师进行简短而机智的处理，保证课堂有效进行，同时还不失教育机会。这个时候的讲话原则是有效比有道理更重要，教师应该关注的是眼前的效果，而不是所谓的深刻的理论。

以下两种管理模式都是无效管理模式。

(一)消极管理模式

教师只是专注于讲课,不顾及课堂纪律和学生的接收情况,讲完既定任务即可。这样的课堂管理懦弱低效,最终会害学生也害教师。

(二)强力管理模式

这样的教师责任心很强,可谓"眼里揉不进沙子",发现学生课堂违纪,要么大发雷霆,批评指责;要么喋喋不休,一味说教。学生恐惧,教师疲惫,最终课堂演变成师生的心理战场,上课是战争的开始,下课是胜利逃亡,最终落得师生双败的下场。这样的管理是为"管理"而管理,而不是为了学生的成长,更缺乏以生为本的观念,丝毫不考虑学生的感受,而更多的是靠教师的情绪发泄。请看下面的对话。

老师:"为什么你就不能准时交作业,同样是学生,你的同位为什么总是能按时交作业?"

学生:"我从来就不如同位,我讨厌同位,我讨厌老师。"

教师批评的目的是为了让学生改正,可实际效果却是激化矛盾。

有效管理模式体现为和谐、合作。教师机智幽默,大度睿智,挥洒自如;学生如沐春风,积极配合,身心健康发展。每节课都是师生合奏的乐章,每一个插曲都是整篇乐章的一个音符,或高或低,各有其妙。

关注焦点,保证课堂教学效果。所谓焦点,通俗讲就是核心目标,行为过程最关心的内容。课堂管理的焦点就应该是保证课堂效果,因此处理一些突发事件的时候都要以这个焦点为目标,而不能因意外而跑出了既定轨道。

有时候"怎么办"比"为什么"更重要,课堂管理更需要这种短平快、高效率的评价,只要化解了眼前困境,保证效果就是好方法,至于"为什么"可以留到课后深入处理。

有效果比有道理更重要,所以很多道理可以不讲,但要积极寻找处理眼前问题的最有效的方法。很多教师往往一看到学生在课堂上有违纪行为,就忍不住停下来给学生上人生课,讲大道理,但道理很对,效果很差。学生认为教师婆婆妈妈，浪费了宝贵的课堂时间，那些所谓的大道理更是被学生当作耳旁风，一吹而过。

微笑、幽默是最好的润滑剂也是课堂管理的有效措施。微笑最易体现自然大方、真诚友善。世界各民族普遍认同微笑是基本笑容或常规表情。卡耐基说：行为胜于言论，对人微笑就是向他表明我喜欢你，你使我快乐，我喜欢见你。教师在课堂上保持微笑，既让自己显得自信从容，也容易保持一种良好的心态对待各种突发事件。微笑也是调整不良情绪的良药，在微笑中很容易让自己变得心境平和。当心情不佳的时候，教师可以在走进课堂之前先强迫自己微笑三分钟，而不要让自己阴郁的脸色破坏了课堂气氛。

幽默是一种最有趣、最有感染力、最具有普遍意义的传递艺术。幽默的语言，能使气氛轻松、融洽，利于交流。幽默是一种智慧，是一份度量，是一种爱心。真正的幽默诙谐而不失风度，滑稽而不粗俗，精练而不冗长。简短的几句话或简单的几个动作，常常能胜过千言万语的描述与雄辩，使别人明白你要表达的事实和道理并轻易地接受，达到劝解、说服的效果。教师轻松幽默的语言不仅能调节课堂气氛，还会给学生留下深刻的印象。

全国著名特级教师李烈说：课堂上学生的笑既是一种愉悦的享受，也是一种对知识理解的表露。教师在教学活动中恰如其分的、比较幽默的语言，常常会引发阵阵笑声，这种幽默往往会比清晰的讲述更有吸引力，它会使学生在这种轻松的氛围中理解概念，更会激发学生对学习的热爱。

当课堂发生意外的时候，当我们遇到挑战的时候，请我们用微笑来应对，有幽默来化解，它们是师生关系最好的润滑剂。微笑应该成为教师的工作表情，幽默应当成为职业素养。

案例

一次，检查古诗文名句默写，我找了几个同学到黑板上默写。写完，我发现学生还是有很多出人意料的错误。我说："我需要评一个最佳创意奖，大家说该给谁？"全体同学几乎异口同声地说给刘同学，原因就是他把不同的诗句进行了嫁接。我说："下面颁发最具童心奖，该给谁呢？"大部分同学给了陈同学，因为他还保留着不会写的字用圆圈代替的习惯。我说："颁发最具形象表现奖，这个就非罗同学莫属，因为，他把'思'写成了'丝'，本来无形的思念让他写得'千丝万缕'。"同学们大笑。

这种面带微笑充满幽默的点评与老师板起面孔严肃认真的批评相比，哪个效果更好呢？

第三编

综合素养

第五章 人文素养

第一节 人文素养的内涵

林崇德教授学术团队把核心素养的文化基础分为人文底蕴和科学精神。由此看来，人文素养是科学素养的基础。在知识经济时代，在注重培养科技人才的同时要加强人文素养的培养。

教师的职业特征也要求教师必须具备一定的人文素养。当代社会过多地宣传知识至上、功利主义，讲究一切东西都可以量化，以考试成绩作为主流甚至唯一的评价标准，人文的东西因为无法简单评价更无法短期见效而在日常教育当中渐渐流逝，如此的状况容易造成教师过于计较物质的得失，用物质的标准来评价自己的工作和成绩，而不是以精神的满足来看待教师这一职业的精神价值。教师只有将人文素养作为自己的职业底色，才能使自己真正扎根于教育，成为一位真正的教育者，而非仅仅把教师职业当作一个谋生的工具。

拥有较高人文素养的教师也容易产生职业认同感、幸福感，这样的教师更善于在重复、繁杂的教育教学工作中发现快乐，职业倦怠的程度也较低。这样的教师更明白教师职业所具有的职业崇高感，内心深处怀有对教师职业的高度热爱和对学生的喜欢，这份热爱也是做好教师工作、培养学生核心素养的重要因素，因此培养教师的人文素养至关重要。

目前的学术观点也更加强调"以人为本"，从"关注知识输入"到"关注人的成长"，"培养全面发展的人"已经成为理念共识。但在实际操作层面上，如果没有深厚的人文素养做基础，又没有可以操作的评价模式，这样的理念就容易落入空谈。

因此，无论是教育规律、教师职业特征、教育方针政策还是教育理念，都强调了提升教师的人文素养的必要性和重要性。

一、何为人文素养

目前，学术界对人文的定义有两个，一种说法是人文是人的文化素养、情感态度、人生理想、道德准则的总和；另一种说法是人文首先是对生命价值的理解与实现，其次是对公众智慧和秩序的理解与尊重。无论怎样定义人文的概念，人文的核心内涵基本都差不多，始终强调"以人为本"，把生命教育、人道主义、人文关怀等要素纳入其中，强调人的意义和价值。

因此，人文素养可以被定义为，通过环境熏陶、自我学习、知识传授、社会实践等方式，将人类文化成果，逐步内化为气质、修养等。人文素养主要体现为对人的关爱、尊重、理解和具有人道主义精神以及对人类终极关怀的品质，这是人的一种相对稳定的、内在的心理特征和精神品质。人文素养可以通过一个人的衣着打扮、言谈举止、为人处事等方面得到体现，可以说人文素养是一个人的外在精神风貌和内在气质精神的体现，也是人文知识、人文方法与人文精神的综合体现。

（一）人文素养的核心：人文精神

人文素养的一个核心要素就是人文精神。人文精神的内涵极其丰富，不同的时代被赋予了不同的内涵。古代西方的人文精神是一种注重人的文化教养的精神，即按当时社会的标准塑造教养有素的、多才多艺的人。古代中国作为"礼仪文明之邦"，对于"人文"有着独特的理解，主要推行的是道德教化，具有浓厚的泛道德主义色彩。文艺复兴以来的人文精神与中世纪宗教异化相抗衡，提倡"以人为中心"，主要是反对禁欲主义，肯定人有享受现世生活幸福的权力，尊重爱情与人的感性生活；反对中世纪的蒙昧主义和等级制度，强调衡量人的标准应是他的知识与德行，理想的教育应培养全知全能的人；反对中世纪独断和文化专制主义，主张宗教宽容、思想宽容以及言论自由等，提倡多元开放的文化及心态。19世纪后期以来的人文主义思潮则更注重个体及其独特价值，强调个人在情感意志方面的自由发展。我们很难对人文精神下一个准确的定义，这也不是本书探讨的核心问题，但我们仍尝试着做一番大概的介绍。

人文精神应该以文化精神为内核，由人类优秀文化汇集、积淀、凝聚、孕育而成，表现为人的价值理性、道德情操、理想人格和精神境界，包含着信念、理想、人格和道德等并内在于主体的精神品格。

人文精神是一种理性态度，追求普遍有效性和事物的完整性、合理性。这份理性态度使人自觉运用智力去理解和应付现实的问题。失去理性精神的教师，可能会成为情绪的傀儡，甚至是精神的杀手。

人文精神也表现为一种实践态度。实践作为主体的存在方式，是人存在的根本方式。人与其他一切存在物的根本不同，就在于他能够通过自己的实践活动追求和创造自身"价值"。实践作为人文精神的一种基本品质，它的主要意义在于原则上的普遍性与实践中的个别性。教师就是要在实践中落实文化、理念、知识。没有这份实践态度，再先进的教育理念也是空谈。

总之，人文精神的实质和核心是"人之所以为人"，强调人是独立的个体，强调尊重、保护、培养、发展人的个性，使人各方面得到全面和谐的发展，使人的科学理性和人文素养充分融合，充分发展。

人文精神的内涵是综合的、全方位的，很实在、很具体，是一种巨大的、潜移默化的力量，它应当包括文化品位、审美情趣、心理素养、人生态度、道德修养、爱国情怀、精神世界、价值观、人生观等。

（二）什么是教师人文素养

关于教师人文素养，目前学术界还没有一个统一的说法。笔者以"教师人文素养"为关键词在"中国知网"进行检索，共检索出文献450篇，这些文献资料大部分是从教师的职业要求来论述的，多数文献都对教师人文素养的内涵以及如何提升教师的人文素养等问题进行了探讨，但很少有人对"教师人文素养"

下一个定义。在综合人文素养特征的基础上，笔者认为所谓教师人文素养，应该是符合教师这个职业的人文素养，即教师通过学习和积累人文知识，丰富自身的人文情感，增强自身的文化底蕴，进而对学生的成长产生积极影响。同时，学校也可以通过确立校级的人文关怀价值观，促进教师在教育实践中形成人文行为。

二、强化教师人文素养的必要性

(一)有利于促进学生科学知识的学习

现代心理学表明，在信息的传递过程中，文字内容占 7%，声音语调占 38%，肢体语言占 55%。这个结论表明，教师用什么样的语调、肢体动作、表情等来呈现自己的课堂，不仅会表现出一位教师的人文素养水平，还会影响学生的学习效果。因此，教师要提高自己的人文素养。

一个人文素养水平较高的教师，会在自己的课堂中避免呆板、生硬地向学生灌输知识，而是积极主动创设教学情景，和学生一起探讨交流，用情感的温度和理性的智慧与学生进行协商、对话，这种有温度的课堂会给学生安全感，让学生融入课堂，带着信心和勇气主动地投入自主学习的活动中。

一个人文素养水平较高的教师会用赞赏、鼓励、肯定、关爱、支持的态度对待学生。实践表明，与批评教育相比，教师的鼓励更能激起学生学习的原动力，当学生感受到教师的关爱并且觉得学习是一种享受时，便会自发地投入学习，并且取得更好的学习效果。

(二)有利于学生形成健全的人格

近年来，学生自杀、校园欺凌等校园事件时有发生，虽然不能将所有的责任都归咎于教育，但是最起码我们应该反思一下，这些事故的发生是不是也折射出我们教育中的某些阴暗面，比如，师生间、生生间的冷漠、功利甚至中伤让生活在这个环境的学生难以形成积极、健全的人格，在他们走向极端行为的过程中，包括教师在内的相关教育工作者是否起到一种推波助澜的作用。如果我们的教育在学生困惑、迷茫、迷失的过程中少一点指责和批判，多一分理解与接纳，给予合理的关心和引导，给学生的心田注入更多的阳光和温暖，那么学生也就因此而得以改变命运。

例如，一个女生经常穿拖鞋进教室，人文素养较低的教师可能只会道德说教，用学校的规章制度机械地纠正学生的生活行为，这样的教育只能让学生感觉到婆婆妈妈，让人讨厌。而一个人文素养较高的教师可能更多地从学生的角度考虑，更智慧地开展教育。比如，教师可以给这位上课穿拖鞋还赤脚踏在地板上的女生写一张纸条："你很漂亮并且很在乎自己的形象，这是好事，希望你能保持，不要让一双拖鞋破坏了淑女形象。地板很凉，对女生的身体不好，更要注意。"这样充满人文关怀和温度的话语，学生应该更容易接受。

(三)有利于教师的专业成长

一个具有人文素养的教师，必定深刻了解自己的职业特性，将学生的全面发展放在第一位，不断地在教学实践中反思并改进自己的教学行为以适应学生的全面发展。

在这个知识爆炸的时代，为了赶上甚至超越学生的成长步伐，教师更应该成为一个学习者，坚持阅读经典，不停地思考，对世界保持新鲜感，使自己的观点不落后于学生。阅读经典会提升教师的品位和人格魅力，从而在无形中影响学生。同时，教师也可以在时事和教育的新理念中找到与学生交流的话题，从而增加彼此的交融性。更重要的是，一个人文素养高的教师会将教师职业作为自己终生奋斗的事业，有崇高的教育信仰，也愿意为了这项事业，为了学生不断学习，不断反思，从而超越自己，促进自身的专业发展，并在这份成长和收获中体会到快乐，获得价值。教育说到底是一项利人利己的事业，教师在让学生获得快乐，得到发展的同时自己也会收获成长与快乐，正所谓"赠人玫瑰，手有余香"。

三、教师人文精神的构成

(一)丰富的人文科学知识

人文科学知识是形成人文素质的基础，正是人类千百年创造的艺术、美学、文学、哲学、宗教等人文科学荡涤着兽性、纯净着人性。但长期以来，人文教育受功利主义影响而得不到应有的重视，导致受教育者对中国传统的文化历史知之甚少。我们教师也同样存在着人文知识的空白，知识面狭窄，局限于本学科有限的一点知识，思维僵化，不能融会贯通，工作内容、教学形式趋于教条化、课本化，对教书育人的认识和把握的层次较低，凡此种种，对学生以及国家的长远发展无疑是不利的。因此，教师应该有意识地丰富自身的人文科学知识，不断提高自己的语言文字修养、文学艺术修养、伦理道德修养、文明礼仪修养和历史与哲学修养，使自己成为一个有高尚境界的教育者。学校则应该为此创造良好的条件。

(二)全面正确的教育价值观、知识价值观、学生观和教学观

教育真正的巨大力量存在于教育的本质、人性的本质、教育的人文精神中，对它们的不同认识和贯彻便产生了不同的教育价值观、知识价值观、学生观和教学观，进而导致了不同水平的教育成果。可以说，目前的学校教育还存在着不少背离教育本质与人性本质的情况。尽管教师个体无法完全去除制约教育本质发挥的一些深层因素，无法抗衡已有的顽固惯性，但是作为一个能够主动影响下一代灵魂的群体，他们有责任在现实和理想之间寻求最和谐的发展与统一，获得最理想的教育效果。

教育人文精神的价值更多倾向于受教育者的情感和人格，而非为社会运转生产大量的技术分子和工具人。教师要明确教育的根本是理想人格的培养，是培养具有健全人格、完整智慧、适应个体身心潜能发展的、适应社会各个层次需要的人，只有这样的人才能真正有效地推动整个社会的进步。没有人格培养的教育就是失败的教育，没有人文精神的教育就是没有灵魂的教育。而中国要想在未来的世界舞台上占一席之地，在全球格局中站稳脚跟，最重要的一件事可能就在于努力培养国民的人文精神，培养具有人文精神的青年。现今大力倡导的新课程改革真正体现了对"人"的关怀，学生不再是被动接受知识的容器。新课程改革摆脱了单纯为社会服务的功利性倾向，将人的发展与社会的发展统一在真善美的境界中。

　　"什么样的知识最有价值"是困扰人类千百年的问题，应试教育忽视了认识活动的主体，从纯理智范围内考察知识问题，而素质教育所认定的知识内涵包括了科学文化和人文文化两个部分，它主张科学与人文精神相统一的知识价值观。教师只有把握住知识的科学性和人文性，才能更好地钻研教材，挖掘出最有教育价值的知识。

　　学生是教师的服务对象。一个具有人文精神的教师，首先应该承认学生是独立的个体，要尊重每一个学生；其次要面向全体学生，对学生一视同仁；最后，注重对学生潜能的挖掘，激发其能动性、自主性和创造力。对待学生，教师应该始终保持爱心、耐心和信心。应试教育把教科书、教师、考试作为三大法宝，热衷于灌输、"填鸭"，将工具价值夸大到了极致。新课程要求教师在科学的教学观的指导下，把教学结构拓展到除课堂教学以外的实践体验和文化陶冶中，在教学设计和教学过程中强调知识与情感的和谐发展，确立导学统一和因材施教的教学方法，实行多元化、多层次的教学评价，给予学生积极的反馈。

(三)现代教师意识

　　相比以往，现代社会发展对教育的依赖程度大大增强。面对纷繁复杂的社会变革和教育自身的变革，现代教师应该以更高更广的视野来审视教育，树立全新的现代教师意识。意识指引着行为，教师一旦树立了正确的意识并真正贯彻到自己的教育行为中，他就能准确地把握时代的脉搏，他所培养的学生也就能成为适应并推动社会发展的人。

(四)高尚的道德人格和健康的心理素质

　　教育的真谛是育人，育人的核心是塑造人格、养成道德、培养人文精神。人格、道德、人文精神的获得更多的是通过潜移默化的感染和熏陶，因此教师必须道德高尚、人格完整，这也是素质教育提出的要求，而且这种道德人格必须是建立在上述知识、观念、意识的综合融通的基础上的，只有这样的道德人格才具有巨大的教育价值和教育个性。

　　心理健康是现代人生存发展的一项基本素质，教师的心理素质不能停留于平衡心理、愉悦生活的层次上，他还要以健全的心理素质去把握课堂教学和课外教育活动，以从容不迫、游刃有余的心态去教导学生，以自然真实的情感表达与学生产生心灵的共鸣，以形式多样的心理技巧增进教育教学的成效。

除了以上几点，教师的敬业精神、奉献精神、创新精神、合作精神等也很重要，因在其他章节会有论述，这里就不再赘述。

四、构建教师的人文素养的行为方式

智慧评价学生的行为。当学生做了一些不恰当的行为的时候，教师的评价要就事论事，千万不要轻易上升到学生的人格层面；当学生做了一些好的行为时，教师要及时表扬。例如，学生会例行检查教室卫生，克迪里亚看到自己的座位下面有一片纸屑，顺手捡起。此时，教师就可以走到她旁边轻轻说了一句"真细心"，并且在班上再次表扬，说她有集体荣誉感。尽量把细小的行为放大，引导学生关注生活细节，并要对这些行为进行及时回馈，因为一拖延就容易失去应有的时效性。

主动拉近师生之间的距离。因为中国人的性格特征和师生关系的特殊性，学生在和教师交流时往往心存戒备，或者敬而远之，这些都会无形中影响融洽的师生关系的建立。所以，教师可以利用一些偶然的机会，主动和学生拉近距离，开一些善意的玩笑，传递教师的赞赏和真诚，这样学生就会在心理上走近教师，亲近教师。

幽默提醒的作用大于郑重批评。很多时候，学生会在不经意间做一些不符合学校要求的行为。对于一些无伤大雅的行为，教师没有必要义正词严地批评，可以用幽默地方式提醒学生，学生也会理解教师的良苦用心，心甘情愿地纠正自己的行为。

把处理问题的主动权交给学生。当学生有问题的时候，问怎么办的时候，教师可以用"你说呢""还有呢"等方式回应，这样就把学生放在了解决问题的位置上，帮助学生形成独立思考和解决问题的能力。当学生的问题指向负面结果的时候，教师可以引导学生关注正面结果，这样可以给学生更强的动力。

让学生置换位置关照自己的行为。很多学生都是根据自己的感觉和情绪来说话和做事的，在说和做之前很少考虑其后果。这个时候教师如果一味地批评学生，哪怕这个批评是对的，学生也可能会很抗拒，尤其是当批评涉及学生的人格问题的时候。如果教师引导学生还原问题场景，让学生分别站在对方或者相关人的第三方(例如同学、父母等)来看待自己的言行，那么，学生就会意识到问题的严重性，从而改正自己的言行。引导学生认识问题的时候，教师一定要心态平和，不能先入为主地根据自己的理解给学生做出定性判断。心理学研究表明，人一旦迷信了自己的主观判断，就会努力找出相关的事实来论证自己的判断，这个时候最容易做出错误的决定并且固执自己的决定。教师也不能以一种高高在上的姿态去挑剔和批评学生。只有这样，学生才能在一种平等轻松的氛围中反省自己。

第二节 人文素养的基本指标

人文精神是一种以人为对象、以人为中心的思想，它主要包括人的信念、理想、人格和道德，其核心内容是人的尊严、理解与宽容、自由与责任、对人类与自然的关怀、慈爱之心。人文精神追求人生的美好境界，推崇情感和对人的关怀。

教师工作的对象是人，是有思想有感情有血有肉的人，而且是代表人类前途和发展命运的人类群体中最富活力的成员，这一根本特征决定了教师必须运用人文精神进行教育工作。

一、会亲和

亲和力(Affinity)的狭义概念是指一个人或一个组织在所在群体心目中的亲近感，其广义概念则是指一个人或一个组织能够对所在群体施加的影响力。

亲和力源于人对人的认同和尊重，很多时候，亲和力所表达的不是人与人之间的物理距离的远近，而是心灵上的通达与投合。真实的亲和力，以善良的情怀和博爱的心胸为依托，是一种发自内心的特殊禀赋和素养。

亲和力是人与人之间进行信息沟通和情感交流的一种能力。具有亲和力的人，会每天都保持自信、乐观、向上的心情去面对每一个人，对每一个人都不觉得陌生，会视他们为熟人、朋友、老乡、亲人，这将使别人加深对他的信任感。

当然，亲和力从本质上来说除了继承某种先天性的东西外，更多的是自身的一种综合气质。它要求你必须具有良好的文化素养，优雅的谈吐和大方的举止等。在很大程度上来说，亲和力是一种可以通过后天的努力而获得的能力，所以在日常工作中，教师要有意识地培养自己的亲和力。

要培养亲和力首先就得装扮大方，以显示淡雅清新的气质，给人以舒适感。学会微笑，努力使笑容真实自然。有意识地放慢说话速度，让自己的表达清晰且有逻辑，但也不要慢条斯理，让人感觉到没有激情。多培养自己的兴趣爱好，不断培养自己的信心，不断地与人沟通。业余多听一些舒缓的音乐，看一些杂志书籍，让自己的心情保持一种自然平和的心态。

拥有亲和力的教师非常受学生欢迎，所谓"亲其师，信其道"，想让学生亲近教师，教师一定要先拥有亲和力。需要强调的是，亲和力与教育无力不同。很多年轻教师一开始对学生很好，天天面带笑容，结果时间久了，因为和学生太过于亲近而在学生面前失去了应有的威严，管不住学生。同样，教师一旦失去亲和力，只是靠所谓的"师道尊严"来压制学生同样会激化师生矛盾，甚至造成严重后果。

案例

记得有一年，一个高一的学生因为违纪被班主任批评，冲突非常激烈，最后请来了家长，由师生冲突变成了家校矛盾。高二分班的时候，这个被班主任称为"不可救药"的学生分到我班，我从关心这个学生入手，了解他的兴趣特长，和他一起打球，聊天，解决他的思想困惑，给予他肯定和鼓励。后来，这个学生开始慢慢地有了改变。有一次做课间操的时候，他下楼的速度有些慢，我就从后面轻轻地碰了他一下。他一开始很生气，后头一看是我，就快乐地跑下去做操了。如果没有亲和力做基础，教师的这种行为是很难被学生接受的；相反，如果亲和力足够，这样的行为反而是师生关系互动的良好表现。举个简单的例子，当我们和很久没谋面的好友或发小见面的时候，我们一般不会很客气地握手，礼貌地问好，而是会以碰拳头的方式，以表达自己的思念之情。所以，无论什么样的教育方式，都需要从建立亲和力开始。

二、懂尊重

尊重是昂贵的黄金，但没有标价；尊重是悠长的时空，但没有尽头；尊重是生命不朽的延续，即使脉搏停止跳动，仍会源远流淌。尊重的价值在于它的永恒，在于它与日月同辉。

一句赞美，一个鼓励，都会使我们感受到别人对自己的尊重，感受到自己存在的价值。想要得到他人的尊重，首先应当尊重他人。只有当你尊重了别人，你才可能从别人那里得到应有的尊重，尊重别人就等于尊重自己。

尊重就像一个善解人意的小姑娘，她透明的微笑叫理解，她淳朴的心灵叫高尚；尊重又像一位德高望重的学者，饱含待人处世的智慧，尽显人格操守的高贵！因此，教师如果要真正和学生进行有效沟通，一定要把"尊重"二字放在前面。

先看一个关于尊严的故事。

案例

外祖父年轻的时候曾经帮人做生意。有一次他的父亲病了，急需用钱，他就趁老板不在的时候偷了 5 块大洋，结果被正好从外面回来的老板看到了。外祖父极其尴尬难堪。但是老板说："我忘了给你了，那正是你应得的红利，赶快拿去吧。"外祖父知道那是老板在保全他的面子啊！从此他发愤图强，终于创下了一片家业。

在新中国成立前后的那几年，天灾人祸多，村子里有很多人家吃不上饭。外祖父的粮食自然就成了那些穷人偷盗的对象。偷粮食，偷地窖里的地瓜，偷家什，外祖父都知道，他甚至因而辞退了帮助看家的雇工。来偷粮食的，他就装作没有看见。偷家什的，他就悄悄地对人家说："不要拿家什，拿粮食吧。"有一次邻墙的邻居来偷地瓜，结果装多了，自己怎么也翻不过墙去，外祖父干脆自己从后面托他过去。

外祖父的哲学是，他们因为没有办法才来偷的，要是还过得去，谁愿意做贼。小偷知道户主发现了他，却没有声张出去让他丢人，保全了他的面子，他就不会再来偷了，人都有尊严啊。

外祖父用这种方式到底资助过多少穷人，谁也不知道。但是，后来，外祖父的村子里的盗贼几乎绝迹了。

这个故事，母亲给我讲了很多年。我常常面对这个故事沉思：尊严是一个人生命中最重要的，如果你懂得了维护别人的尊严，你的尊严就无处不在了。

一个人的尊严是他最重要的东西。我们做教师的，时刻注意着要维护学生的尊严，不到情非得已的时候，尽量不要在公众场合点名批评学生，千万不要为了一点点小小的错误剥夺别人最宝贵的东西。

三、有爱心

霍懋征老师说过："是什么力量把一个人见人烦的孩子，变成人见人爱的孩子？是爱。爱是阳光，可以把坚冰融化；爱是春雨，能让枯萎的小草发芽；爱是神奇，可以点石成金。"教师要关爱每一名学生，视学生如儿女，努力成为学生的良师益友。所以，教师的教育情怀首先要用爱心撑开。

教育是"一个不完美的大孩子领着一群不完美的小孩子一起追求完美的过程"。这是教师应该具备的最起码的教育情怀，这是走向神圣的三尺讲台最基本的前提。

教育是爱的事业。我们的学生，有成绩出色的，也有成绩暂时落后的；有漂亮的，也有并不漂亮的；有出身豪门的，也有平民子弟；有说话乖巧的，也有木讷寡言的；有气质颇佳的，也有习惯不良的……但没有哪个孩子不值得我们爱。他们每个人都是独一无二的生命个体，他们生命的鲜花都应该自由地绽放。越是暂时还不够出色的学生，可能越是平时缺少爱的雨露滋润的学生，也就越需要教师的尊重、理解与关爱。教师要懂得锦上添花，更要会雪中送炭。孩子健全的人格和丰富善感的心灵比出色的成绩更重要。有多少个学生，至少就应有多少把尺子。多一把尺子就多一批好学生。所谓的"差生"，往往是教师用分数这一把尺子量出来的。教育的真正价值应该用受教育者的一生来衡量与评价。丁榕老师从教几十年，保存了她教过的学生们的几乎所有的文字资料，她的家就是一座教育博物馆，她的心灵就是她教过的学生的成长档案室，一个个故事、一个个细节、一张张纸片构成了她的爱的教育传奇。

四、善包容

做一个有教育情怀的教师还要拥有一颗包容学生的心。海纳百川，有容乃大。学生群体是一个充满个性的群体，每个学生都有属于自己的天空和思想王国，有自己独特的思想和看法，教师如果不能容纳这些充满"个性"的学生的独特之处，就很难发现他们身上的价值。

老子的《道德经》上说："太上，不知有之；其次，亲而誉之；其次，畏之；其次，侮之。信不足焉，有不信焉。悠兮，其贵言。功成事遂，百姓皆谓'我自然'。"意思是，最好的统治者，人民并不知道他的存在；其次的统治者，人民亲近他并且称赞他；再次的统治者，人民畏惧他；更次的统治者，人民蔑视他。统治者的诚信不足，人民才不相信他，最好的统治者是多么悠闲。他很少发号施令，事情办成功了，老百姓说"我们本来就是这样的。"教师，尤其是班主任，也应该追求这样的教育境界。

孔子说"仁者爱人"，就是说，爱别人的目的，不是别的，就是要使自己成为真正的"仁者"。因为每个人都有缺点和不足。那些不管对象是谁，不管出于什么样的原因，都拥有宽厚仁爱之心的人，就可能成为领导，成为一个"大人物"，因为人们愿意跟随他。没有一个人会愿意跟随一个不知道欣赏自己，只会整天责备并埋怨别人的人在一起。

《尚书》中有"有容，德乃大"之说，《周易》中提出"君子以厚德载物"，荀子主张"君子贤而能容罢，知而能容愚，博而能容浅，粹而能容杂"，讲的都是领导者要加强个人修炼，学会包容，学会超脱。

实践证明，假如你不按"包容"行事，那么，你就永远不可能成为一名真正的成功者。试想，如果你因别人的一点过错就心生怨恨，一直耿耿于怀，甚至想打击报复，整日沉湎于一些琐事，那么你还有精力发展自己的事业吗？所以，教师要学会善待学生，拥有豁达、包容的胸怀是成为班主任的第一步。唐英年的《领导的包容艺术》也许也能给我们班主任老师一些启发。

包容是一种个人的修养，一种自省的能力和谦恭的态度。不少人有一种感觉，领导应该英明神武，大小事务都洞悉先机，智珠在握。这是理想国的领袖。在现代社会，领袖需要面对和处理的问题，有很多是超出他的认知和经验的，因此必须抱有"不知为不知"这种对自己诚实，对自己负责任的态度。

包容的另一重含意，就是对错误的宽恕。教育是慢的艺术。学校应是育人的地方，是允许学生犯错误的场所。教育是传统意义上的农业式的实践活动，是农业式的，就要遵守"农时"，遵守"农作物"生长规律。教育是中医学，就要最大限度地减少副作用，标本兼治。教育是一种过程，素质的养成不会立竿见影，应是螺旋式上升、跳跃式发展的。能力的培养更不可能一蹴而就，应该水到渠成，瓜熟蒂落。教师要了解、理解、尊重孩子，要欣赏、引领、包容孩子。学习最大的动力就是产生了浓郁的兴趣，学习最大的增值点就是养成了良好的学习习惯。有时候，等待与沉默也是一种有效、有情怀的教育。吴非老师眼睛向着前方，不跪着教书，坚持给孩子提供最适合的教育，他耐得住寂寞，默默地坚守着对人格的培育，从教几十年没给孩子排过一次名。这是何等的气魄与情怀！他的《像太阳一样升起的白旗》是他教育情怀的极好诠释。教育是追求和谐与自由的，是心灵与心灵的交流，智慧与智慧碰撞。

五、讲奉献

教育的人文思想就是一切为了学生的思想，即一切为学生，为一切学生，为学生的一切。以人为本是人文精神的最高境界。教育工作的艰巨性、崇高性和未来性，要求教师要有敬业精神和奉献精神。就职业特点来说，教师和战士一样，是最无私的付出。教师的成果是显露在别人的生命那里的：学生是镜子，反射自己生命的光彩；学生是栏杆，标出自己人生的冲击度；学生是归宿，记载自己心血的结晶。印度大诗人泰戈尔说过："花的事业是甜蜜的，果的事业是珍贵的，让我干叶的事业吧。因为叶总是谦逊地垂着她的绿荫。"当教师，就要具有这种从平凡中见伟大的绿叶精神，以平平常常的心态，高高兴兴的心情，去干实实在在的事情。

第三节　礼仪修养

从学习心理学来讲，8～14岁这个年龄段是孩子学习的模仿期，而这个时期与孩子相处最多的就是家长和教师，在某些地方、某些学校，教师和学生相处的时间比家长与孩子相处的时间更久，所以教师的言行举止都会在无意间给学生的行为树立标杆。教师这一职业的一个显著特征就是示范性。学生"听其言，观其行"，教师在进行教育过程中的一言一行都会对学生的人格品质及礼仪修养产生重要的影响。孔子曰："不学礼，无以立。"所以，教师一定要加强自身的礼仪修养，打造好自身的形象，要努力达到内涵的学识修养和外显的气质风度的完美统一，这样才能真正做到"以身立教"，言传身教，成为学生的榜样。

在教育面向现代化、面向世界、面向未来的今天，教师的师德、礼仪素养日益受到人民群众和教育工作者本身的重视。提高自身素质，培养良好修养，具备文明礼仪，是新时代赋予教师的要求。而教师在日常教学、人际交往中具备高雅的气质、良好的仪表、优雅的语言及规范的礼仪，也必将使其在教育的施行过程中更加得心应手，并在教育事业中获得长足发展。

容貌是先天性的，礼仪则是通过后天学习养成的。教师礼仪是构成师德、师表、师仪、师心的重要内容之一，对一名教师是否能成为学生和社会学习的楷模起着至关重要的作用。因此我们要将教师礼仪教育当作师范生教师职业品格养成的重要一环来对待，要重视对教师礼仪知识的普及和礼仪技能的训练，全面提升师范生的礼仪素养，努力打造出一支"品德高尚、爱岗敬业、业务精湛、为人师表、人民满意"的教师队伍。

一、礼仪的内涵及特征

礼仪，是人类历史发展中逐渐形成并积淀下来的一种文化，是人类文明进步的重要标志。简单地说，礼仪就是律己、敬人的一种行为规范。人类社会要发展，就必须弘扬、推广礼仪。对一个人来说，礼仪是一个人的思想道德水平、文化修养、交际能力的外在表现；对一个社会来说，礼仪是一个国家社会文明程度、道德风尚和生活习惯的反映。"不学礼，无以立"，重视、开展礼仪教育已成为道德实践的一个重要内容。

（一）礼仪的含义

所谓礼仪，从广义上讲，指的是一个时代的典章制度。中国作为一个具有悠久文化的文明古国，"礼仪"一词，很早就被作为典章制度和道德教化使用。从狭义上讲，礼仪就是人们在社会交往活动过程中形成的应共同遵守的行为规范和准则，主要包括以下几层意思。

第一，礼仪是一种行为准则或规范，表现为一定的章法。礼仪往往首先表现为一些不成文的规矩、习惯，然后才逐渐上升为大家认可的，可以用语言、文字、动作来准确描述和规定的行为准则，并成为人们有章可循、可以自觉学习和遵守的行为规范。

第二，礼仪准则或规范是一定社会的人们约定俗成、共同认可的。"入乡随俗，入境问禁"，当我们进入某一地域，就要对这一地域的习俗和行为规范有所了解，并按照相应的习俗和规范去行动，这样才不会贻笑大方、失礼于人。

第三，讲究礼仪的目的是为了实现社会交往中各方的互相尊重，从而达到人与人之间关系的和谐。礼仪体现着一个人对他人和社会的认知水平、尊重程度，是一个人的学识、修养和价值的外在表现。一个人只有在尊重他人的前提下，才会被他人尊重，才会逐步建立起人与人之间的和谐关系。

(二)礼仪的特征

1. 普遍性

礼仪是人类在社会生活的基础上产生的行为规范，无时不在，无处不在。凡是有人类生活的地方，就存在着各种各样的礼仪规范，全体社会成员均离不开一定的礼仪规范的制约。在生活中，现代社交礼仪的内容已渗透到社会的方方面面，从政治、经济、文化领域，到人们的日常生活，礼仪活动普遍存在。比如，大到一个国家的国庆典礼，小到一个公司企业的开张见喜，再到人们日常生活中的见面、谈话、接待、宴请等，均需要讲究礼仪规范，遵守一定的礼仪行为准则。

2. 差异性

不同的文化背景，产生不同的礼仪文化。我国是一个多民族大家庭，不同民族的源起背景不尽相同，在不同的生活实践中，对自然的认知也不尽相同；每个民族都有自己的共同语言、共同活动地域、共同风俗习惯等，这样，不同的民族就形成了不同的礼仪、礼节，其风俗习惯、礼仪文化自成体系。

比如见面问候致意的形式就五花八门，有的脱帽点头致意，有的拥抱，有的双手合十，有的手抚胸口，有的口吻脸颊，有的握手致意。这些礼仪形式的差异均是由不同地方的风俗文化决定的，具有约定俗成的影响力。一般来说，"入乡随俗""客随主便"等就充分体现了礼仪的差异性。

3. 继承性

时代总在不断地前进。礼仪文化也不是一成不变的，而是随着社会的进步不断发展。在礼仪发展的源流中，礼仪文化的发展是一个扬弃的过程，一个剔除糟粕、继承精华的过程。那些反映劳动人民的精神风貌、代表劳动人民道德水平和气质修养的健康高尚的礼仪得到了肯定和发扬，而那些代表剥削阶级封建迷信的繁文缛节得以根除。比如古代的磕头跪拜风早已被现代的握手敬礼所替代，而那些"温良恭谨让""尊老爱幼"的行为规范则得到了弘扬。这些变迁不仅反映了人类礼仪的一脉相承，也反映了礼仪在继承过程中得到了丰富和发展。

4. 时代性

从本质上讲，礼仪是社会历史发展的产物，并具有鲜明的时代特点。一方面，它是在人类长期的交际活动的实践中形成、发展、完善起来的，绝不可能凭空杜撰，一蹴而就，完全脱离特定的历史背景；另一方面，社会的发展，历史的进步，都会引起的众多社交活动的新特点、新问题的出现，又要求礼仪有所变化、有所进步、推陈出新、与时代同步，以适应新形势下新的要求。与此同时，随着世界经济的国际化倾向日益明显，各个国家、各个地区、各个民族之间的交往日益密切，他们的礼仪也随之相互影响，相互渗透，相互取长补短，不断地被赋予新的内容。这就使礼仪具有相对的变动性。总而言之，随着时代的不断进步，人类的礼仪规范必将更为文明、优雅、实用。

二、教师礼仪的特征

所谓教师礼仪，是指教师在从事教育、教务活动，履行职务时所必须遵守的礼仪规范。与其他礼仪相比，教师礼仪具有以下特性。

(一)教师礼仪具有鲜明的强制性

教师的行为举止本身具有示范作用，教师的一举一动都应该谨慎稳重，这就需要有更多的自我克制、自我牺牲。只要进入这个职业就必须遵守这个职业的礼仪规范。同时，教师的礼仪素养也将使教师更有魅力、更有力量，带来更大的收获。

(二)教师礼仪带有强烈的形象性

教师的个人形象代表着广大教师的职业形象和学校的整体形象，因而是否遵守教师礼仪就不再是个人行为，而是集体行为。违反教师礼仪会带来严重的后果，因为当一个人处在教师职业状态时，其功能会被成倍地放大，教师一切不合礼仪的表现都会给学生、教师队伍、学校声誉带来不可估量的潜在影响。

(三)教师礼仪具有重要的示范性

教师的示范性，指教师的榜样作用。教师是学校工作的主体，不仅是科学文化知识的传播者，而且是学生思想道德的教育者。教师是影响学生人格和个性发展最重要的因素。教师在传播知识的同时，以自己的言行举止、礼仪礼貌对学生进行着潜移默化的影响，从而对学生起到示范作用。家长、教科书、电脑和大众传媒都不能代替教师的这一作用。那些仪表得体、举止优雅、态度和蔼、以身作则、表里如一的教师总是会得到学生肯定并成为学生的榜样，影响学生的一生。

良好的礼仪修养对于个人是文明与教养的表现，对于人类是发展与进步的标志。对于当代教师而言，礼仪与学识、才能同等重要，社会交往与工作、生活已融为一体。因此，一个合格的教师，不仅要有高尚的品德修养、广博的知识经验、现代化的教育能力和健康的身心，还要具备全面的礼仪修养，做到既"知书"，也"达礼"，成为内外兼修的新时代教育工作者。

三、教师礼仪修养的意义

(一)有助于塑造教师美好的形象

教师的言行举止不仅会给学生留下深刻的印象，还会直接影响到受教育者的情操陶冶，行为养成等，对他们产生耳濡目染、潜移默化的影响。有调查表明，学生对教师的接受度往往受教师的形象限制，那些言行得体、和蔼可亲、喜欢微笑、关心学生的教师更容易受学生喜欢，学生也更愿意接受这样的教师的教育。因此，教师应根据社会期待和受教育者的需要塑造自我形象。良好的教师形象，不仅能够充分展示教师的个性风采，有助于教师才能的发挥和获得学生的尊重和好评，而且能够增强教师的人格魅力，是教师言传身教、圆满完成教师使命的根本保证。教师不仅要仪表端庄、服饰得体、态度谦和、语言亲切，而且要宽容、大度、热情、笃实。只有这样的教师，才是人们心目中的好教师，也才是学生乐意接近的好教师。因此，教师要时时刻刻注意自己的个人形象，使自己各方面都成为优秀的、学生能够仿效的榜样。

(二)有利于展示职业道德修养

教师职业道德是教师在从事教育教学工作中必须恪守的道德准则，是教师职业素质的灵魂所在。教师从事的是传播、创造人类文化、文明和先进思想的事业，教师的道德、情感、个性品质在教育教学中对学生的渗透性影响是难以估量的。教师职业道德素质直接关系到素质教育的实施，关系到亿万青少年的健康成长，关系到整个中华民族思想道德素质和科学文化素质的提高。而内在的良好道德情操、文化修养只有通过一定的外在形式表现出来，才能在现实的社会生活中发挥实际的意义和作用，若离开了一定的外在表现形式，一切的抽象理论和道德规则都是空洞和无用的。礼仪是表现教师职业道德的基本途径之一，也是教师必备的基本素质之一。

教师礼仪的核心是对学生的尊重和关爱，是教师向学生表达爱的具体形式。一句亲切的话语，一个会意的眼神，一张洋溢着微笑的面孔，对学生都是一种巨大的激励和鼓舞。所以，礼仪不仅是教师自身良好职业道德修养的表现，更重要的是，礼仪还可以使教师职业道德成为一种重要的教育力量和教育要素。

长期以来，我国在教师的职业道德建设上过于强调教师职业道德的精神境界，而忽略必要的形象设计指导和日常行为规范的修养训练，使得一些教师不知道该如何把教师职业道德规范具体地转化为身体力行的礼仪实践。如有的教师在课堂上从未对学生微笑过，有的把训斥、讽刺、挖苦、体罚学生与对学生的严格管理等同起来，结果，学生在丧失了对教师的信任的同时，也抵消了教育应有的效果。有时学生不喜欢某门课程的原因并不是课程本身存在什么问题，很多情况下是由于不喜欢这门课的任课教师。要使学生接受教师的教育，首先要使学生从情感上接受教师，无论哪个层次的教师，得体的仪表、优雅的举止、和蔼的态度，都是实现其职业道德所不可或缺的。

在学生心目中，教师是智慧的代表、高尚人格的化身，教师的一言一行所传递的思想、品德对学生都具有熏陶与感染的作用。教师应通过系统的学习和训练，使自己无论在内在气质还是外在举止、着装上，都彰显出教师职业的魅力和良好的职业道德素养，以内外和谐、表里如一的完美形象赢得学生的尊重和认同。

四、教师礼仪修养指标

教师除了社会的一般礼仪要求之外，根据职业特征，还特别需要注意以下三点修养。

（一）仪表修养

教师仪表，是指教师本人的外部形象，包括人体（如容貌、姿态）和修饰（如衣着、发型、装饰品）两个方面。我们无法改变我们的长相，但可以修炼我们的气质，在音容笑貌、言谈举止方面加强修炼。教师的着装要大方得体，要和教书育人的环境保持一致，穿着不可过于随便，女教师也不适合穿过于时尚甚至有些暴露的服饰。女教师可以画一些淡妆，但绝对不适合浓妆艳抹。教师的仪表修养更体现在课堂上，教师的神态、站姿、手势以及在课堂上的走动都要恰当。

（二）语言修养

教师语言是教学信息的载体，是教师完成教学任务的主要媒介，也是师生进行交流、沟通的最基本的途径，可以说，它存在于一切教学活动中。但教师语言不是孤立存在的，它和教师的思想涵养、文化素质、精神文明水平息息相关。一个品德高尚的教师，他的语言应该是文明、生动、得体的。它能够激发学生的求知欲，启迪学生的智慧，陶冶学生的心灵，培养学生健康的审美情感。毫无疑问，教师文明得体、准确规范、优美动听的语言能给学生带来最美的听觉享受，也是教学工作取得效果的前提。因此，教师在教育教学过程中必须遵循基本的语言礼仪规范。教师的语言修养基本要做到表达规范、准确，声音带有情感，富有生动、幽默特质，要求简洁明了并有信息量。日常用语要问候做到亲切，请托富有礼貌，致谢带有诚意，赞美表达中肯，道歉带着真诚，祝贺用语得体，称呼选择恰当，肢体语言表现到位。

（三）教学礼仪

良好的教学仪态要求端正大方、儒雅洒脱、从容淡定、自然得体。教师亲切和蔼的面容，从容镇定的神态，自然流畅的谈吐，合理到位的肢体表现，再配合有关的学习内容，会让学生在课堂上如沐春风，无形中产生一个良好的教育磁场，产生强大的号召力和感染力。学生在这样的课堂上容易保持学习兴趣、发挥思维潜力，活跃课堂气氛。相反一些有违教学礼仪的行为，例如，神色紧张、语言无序、声音太小、语速过快、面色冷漠、手足无措、牢骚满腹、呵斥怒骂等则会严重破坏教育氛围，影响教育效果。

第六章　信息素养

当今世界已迈入全球经济一体化、科学技术信息化和大数据普及化的"互联网＋"时代。信息技术悄然改变着人们的生活方式和行为模式。"信息技术的发展将变革人类的学习方式、工作方式、娱乐方式，一句话，人们的生存方式。"尼葛洛庞帝在《数字化生存》一书中，如此概括了信息时代的本质特征。的确，以计算机技术、网络技术和通信技术为代表的现代信息技术的迅猛发展，不仅为学习者提供了丰富的数字化学习资源，改变了学习者的学习方式，还促进了教育者教育观念、内容和方法的变革，教育信息化已成为世界范围内教育现代化的重要组成部分。尤其是信息技术、互联网平台与传统教育领域的深度融合，更是势不可挡，在世界教育场域中引发了一场前所未有的根本性变革。[1] 可以说，人类已经进入数字化生存新环境，每一个公民必须具备在数字化环境中生存的基本能力。信息素养则是这种基本生存能力的核心，是衡量人才综合素质的一项重要指标，也是人们适应数字化社会的基本素质。

对于学生而言，信息素养作为终身学习的促进因素，不仅能够帮助学生增强自主学习能力，提高管理、评价和利用信息的能力，还能提升学生在信息安全、信息伦理等方面的责任感。[2]《中小学信息技术课程指导纲要（试行）》中明

---

[1]　王轶、石纬林、崔艳辉：《"互联网＋"时代青年教师信息素养研究》，载《中国电化教育》，2017(3)。引用时略有改动。

[2]　钟志贤：《面向终身学习：信息素养的内涵、演进与标准》，载《中国远程教育：综合版》，2013(8)。

确指出："培养学生良好的信息素养，把信息技术作为支持终身学习和合作学习的手段，为适应信息社会的学习、工作和生活打下必要的基础。"为了培养学生的信息意识，适应数字化时代背景和教育信息化的深入发展，教师必须具备良好的信息素养。可以说，教师的信息素养水平体现了教育信息化的水平，也是推动教育信息化发展的重要基础。

第一节　信息素养的时代背景

一、教育信息化发展的时代要求

所谓教育信息化，是指在国家及教育行政部门的统一规划和部属下，在教育系统的各个领域全面深入地应用现代信息技术，加速实现教育现代化的过程。[①] 目前，我国的教育信息化已经进入一个崭新的阶段。教育信息网络基础设施建设取得重要成果，信息高速公路的建成，中国教育与科研计算机网（CERNET）、各种远程教育网络的启用，中小学"校校通"工程、远程教育建设工程和"数字校园"建设工程等的实施，为教育信息化提供了重要基础；现代教育技术设备不断充实，网络计算机机房、多媒体电子教室、电子阅览室、闭路电视系统和各种多媒体软硬件产品在教育教学中的广泛应用，为教育信息化创造了条件。[②] 教育信息化使得教育教学成为开放、共享、交互、协作的过程，改变了传统的教育教学模式，对教师的教育观念、教学方式、教学方法和学生的学习行为、学习方式产生了巨大冲击，对教师的信息素养也提出了新的要求。[③]

[①]　黄荣怀：《关于教育信息化的思考——兼谈转型期的教育信息化建设》，载《中国教育信息化》，2008(20)。

[②]　孙汉群：《教育信息化与教师信息素养》，载《中国教育信息化》，2011(12)。引用时略有改动。

[③]　黄荣怀：《基础教育信息化的核心价值：创新与变革》，载《中国教育信息化》，2008(20)。

随着教育信息化的发展，课堂教学模式发生了重大变革，学生成为教学的主体。教师则由单一的知识传授者转变成学生意义建构的促进者、信息咨询者、学习过程的组织者。2005 年 11 月，联合国教科文组织、国际图书馆协会联合会和"美国信息素养论坛"联合召开了国际高级信息素养和终身学习研讨会，发表了《信息社会灯塔：关于信息素质和终身学习的亚历山大宣言》，称信息素养和终身学习理念是信息社会的灯塔。信息素养是终身学习的核心，是开展自主学习的基本条件，也是一个人学会学习的重要标识。[①] 信息素养能帮助个体实现个人的、社会的、职业的和教育的发展目标。

为了保持全球竞争力，培养高素质公民，21 世纪学校教育的核心目的是通过教会学生学习从而促进学生的批判性思维、复杂问题解决能力、合作能力以及信息技术能力等综合素质的全面发展。[②] 因此，如何教会学生高效而快乐地学习，从而使学生获得全面而优质的发展，是教育理论研究者和实践者力图解答的问题。解决这个问题的关键在于拥有能够科学有效促进学生发展和学习的专业化教师队伍。在"互联网＋"时代，教师需要充分利用信息技术的优势和"互联网＋"带来的契机，促进学生学习和发展。这是需要系统考虑的教师质量提升和教育变革工程。[③] 教师的作用主要体现在为学习者提供丰富的学习资源和众多的信息渠道，组织和指导学生去利用多种媒体资源进行有效学习。具体来说，教师要将教学内容进行信息化处理，使它成为学生的学习资源，引导学生利用信息技术进行知识重构；同时，教师必须为学生提供包括人际交流和基于技术媒体双向通信在内的各类支持服务，为学生的学习和发展搭建丰富多彩的信息化环境。由此可见，教育信息化对教师应具备的信息素养提出了更高的要求。作为教学一线的教师，只有具备了良好的信息素养，才

---

① 钟志贤：《面向终身学习：信息素养的内涵、演进与标准》，载《中国远程教育：综合版》，2013(8)。

② Partnership for 21st Century Learning，"Framework for 21st century learning,"http://www.p21.org/our-work/p21-framework，2017-06-15.

③ 桑国元、董艳：《论"互联网＋"时代教师信息素养内涵演进及其提升策略》，载《电化教育研究》，2016(11)。

能在教育教学改革的大潮中更好地适应角色转换的要求，从而适应教学信息化的要求。① 可以说，教师的信息素养成为教育信息化的重要内容之一。

二、国家政策背景

研究表明，如果信息技术能被合理应用到课堂教学中，学生的学业成就则能够得到有效提升，学生对于复杂概念、学习过程、学习策略、问题解决、信息管理等技能技巧的掌握就会更加有效。近年来，国家在政策制订的层面逐渐引领和规范基础教育的信息化发展，不断促进教师信息技术与教育教学整合能力的提升。

(一)教育信息化政策

教育部于 2002 年发布了《教育部关于推进教师教育信息化建设的意见》，指出要"坚持解放思想，因地制宜，开拓创新，与时俱进，注重应用，立足于培养具有创新精神和实践能力的新型中小学师资，全面提高中小学教师队伍的信息素养"。

作为对《国家中长期教育改革和发展规划纲要(2010—2020 年)》中有关教育信息化内容的具体化，《教育信息化十年发展规划(2011—2020 年)》提出了信息技术与教育的结合，主张在深度变革传统课堂教学结构的基础上，实现教育质量的大幅度提升，让信息技术对教育变革产生"革命性影响"。② 2013 年，教育部出台《教育部关于实施全国中小学教师信息技术应用能力提升工程的意见》(以下简称《意见》)。《意见》要求，要建立教师信息技术应用能力标准体系，整合资源，采取符合信息技术特点的新模式，通过进一步的信息技术能力培训，提升教师信息技术应用能力。《意见》中还指出："建立教师主动应用机制，推动每个教师在课堂教学和日常工作中有效应用信息技术，促进信息技术与教

---

① 孟晓莉、朱缨：《信息化教育环境下高职教师信息素养提升策略研究》，载《江苏教育研究》，2015(27)。

② 何克抗：《如何实现信息技术与教育的"深度融合"》，载《课程·教材·教法》，2014(2)。

育教学融合取得新突破。"①上述政策文件的出台，对于推动我国基础教育的信息化发展，提升教师在课堂教学中的信息技术整合能力，起到了顶层设计和政策引领的作用。

表1　2000年以来有关教育信息化的国家政策

2000年	2002年	2004年	2010年	2012年	2013年	2016年
教育部召开全国中小学信息技术教育工作会议，会议指出，用5年到10年时间基本普及全国中小学信息技术教育	发布《关于推进教师教育信息化建设的意见》，对教师应用信息技术提出了明确要求，力促实现教育现代化	《中小学教师教育技术能力标准(试行)》，成为指导教师教育技术培训与考核的基本依据	《国家中长期教育改革和发展规划纲要(2010—2020年)》中明确提出"加快教育信息化进程"	教育部制定《教育信息化十年发展规划(2011—2020年)》，明确提出战略总体战略、发展任务、行动计划、保障措施	教育部制定《教育部关于实施全国中小学教师信息技术应用能力提升工程的意见》，要求全面提升教师信息技术应用能力	教育部印发《教育信息化项目管理暂行办法》，促进教育信息化持续健康协调发展

(二)教师信息素养与能力的标准②

为了有效提升我国教师的教育技术能力水平，教育部于2004年颁布了针对基础教育教师的第一个专业标准——《中小学教师教育技术能力标准(试行)》。该标准用"意识与态度""知识与技能""应用与创新"和"社会责任"四个部分对应教师信息素养的四个方面。① 该标准对于我国教师教育体系的改革、教师专业发展的方向以及教师的教育技术能力提升产生了一定的影响。时隔十年，2014 年 5 月，教育部印发了《中小学教师信息技术应用能力标准（试行）》，以进一步提升中小学教师对于信息技术的整合应用能力，促进信息技术与课堂教学的深度融合。② 对比 2004 年颁布的标准，2014 年的标准更加注重教师的信息技术整合能力。该标准旨在促进信息技术与学科教学的整合，将信息技术应用能力划分为 5 个维度：技术素养、计划与准备、组织与管理、评估与诊断、学习与发展。该标准不仅提出了信息技术应用过程与方法的要求，还对整合信息技术的教育教学理念、教学方式、教学能力等不同方面做出了规定，对教师在教育教学工作中应用信息技术的具体做法提出了基本要求和发展性要求。应用信息技术优化课堂教学的能力为基本要求，主要包括教师利用信息技术开展讲解、启发、示范、指导、评价等教学活动应具备的基本能力；教师应用信息技术帮助学生转变学习方式的能力为发展性要求，主要针对网络学习环境或相应设备的条件下，教师利用信息技术支持学生开展自主、合作、探究等学习活动所应具有的能力。③ 该标准的实施对于我国基础教育教师信息化教学专项能力的提升、教育信息化的有效推进具有重要意义。④ 不难发现，通过能力标准的研制和出台，提升教育信息化水平和教师信息技术素养，已经成为国家层面的重要抓手。

---

① 教育部师范教育司：《教育部关于印发〈中小学教师教育技术能力标准（试行）〉的通知》（教师〔2004〕9 号），http://old. moe. gov. cn//publicfiles/business/htmlfiles/moe/moe_49b/201212/xxgx_145623. html，2016-06-25。

②③ 教育部：《教育部办公厅关于印发〈中小学教师信息技术应用能力标准（试行）〉的通知》，http://www. moe. gov. cn/srcsite/A10/s6991/201405/t20140528_170123. html，2016-07-20。

④ 祝智庭、闫寒冰：《〈中小学教师信息技术应用能力标准（试行）〉解读》，载《电化教育研究》，2015(9)。

三、我国教师信息素养的现状与困境

（一）教师信息素养现状

学者们对于教师信息素养的现状做了比较深入的实证调查研究。限于篇幅，这里选取四个比较典型的调查结果加以呈现。

刘鹂和马建华对人均国民生产总值低于 4000 元人民币的西部贫困地区中小学教师信息素养状况进行了抽样调查。[①] 在信息意识方面，西部地区教师表现出如下特征：信息需要强烈，但满足需要的行为在总体上没有达到高度自觉水平；对信息技术重要性有一定认识，但在教师角色期待和现实之间难于找到平衡点；学习和使用信息技术的意愿水平高，呈现出一定的成就本位取向趋势。信息知识方面，西部地区教师的信息理论知识匮乏；受信息环境影响，有限的信息技术知识无法内化。信息能力方面，西部地区教师的信息能力只能作基础层面的低效循环；基于网络和计算机的信息能力有待提高。信息道德方面，西部地区教师的信息道德认识模糊。

沈小碚和段志佳的研究发现，教师的性别、年龄、教龄和学历，均可影响教师信息素养水平（见表 2）。在性别方面，男性教师的信息素养水平明显高于女性教师；在年龄方面，教师信息素养与教师年龄成反比，并且集中体现在五六十岁教师与其他年龄阶段教师的差异；在教龄方面，教师信息素养与教龄成反比，拥有 26 年以上教龄的教师信息素养与其他教龄阶段的教师信息素养存在显著性差异；在学历方面，拥有研究生与本科生学历的教师信息素养水平明显高于专科学历的教师，从均值来看教师信息素养与学历成正比。教师的职称对于教师信息素养水平不存在显著影响。

---

① 刘鹂、马建华：《西部贫困地区中小学教师信息素养状况的调查研究》，载《电化教育研究》，2005(5)。

表 2　教师信息素养的差异分析①

内容	N	类别	均值	标准差	F	P
性别	44	男	4.018 9	0.604 67	2.089	0.038
	169	女	3.809 7	0.588 71		
年龄	57	18～25 岁	3.939 6	0.493 60	2.924	0.022
	46	26～30 岁	3.898 6	0.531 62		
	66	31～40 岁	3.893 9	0.541 68		
	36	41～50 岁	3.709 9	0.798 71		
	8	51～60 岁	3.277 8	0.726 79		
教龄	95	5 年以下	3.932 7	0.515 77	3.273	0.022
	40	5～15 年	3.961 1	0.474 78		
	55	16～25 年	3.751 5	0.740 27		
	23	26 年以上	3.577 3	0.628 93		
学历	5	高中(含中专)	3.266 7	1.009 52	5.862	0.001
	39	专科	3.579 8	0.657 81		
	157	本科	3.925 3	0.546 75		
	12	研究生	4.037 0	0.473 38		
职称	75	小学一级	3.941 5	0.571 39	1.241	0.296
	13	小学二级	3.944 4	0.652 24		
	69	小学高级	3.760 9	0.664 30		
	56	其他	3.826 4	0.520 19		

　　王英迪在其硕士论文研究中，运用问卷调查等方法，对长春地区农村中小学教师信息素养状况进行了调查。② 研究发现，可以使用 Word 进行文本编辑的教师占 62.9%，近 37% 的教师缺乏 Word 文本编辑能力；知道可以用 Pow-

---

① 沈小碚、段志佳：《城镇小学教师信息素养调查研究》，载《教师教育学报》，2017，4(1)。

② 王英迪：《长春地区农村中小学教师信息素养培养策略研究》，硕士学位论文，东北师范大学，2006。

erPoint(PPT)制作课件的教师占 56.5％，而能够亲自制作课件并应用于教学的仅占 15.6％，近 84％的教师不会使用 PPT 制作课件；46.3％的教师不能正确区分计算机的输入和输出设备；近 10％的教师不知道计算机会感染病毒；只有少量教师能够正确回答出稍微超越常识性知识范围的问题，例如，有 26.2％的教师知道"www"指万维网。

刘瑞子等人分别从教师的基本情况、学校的信息化建设情况、教师的信息意识和态度、教师应用教学设施和资源情况四个方面对湖北省农村中小学教师信息素养的现状进行了分析。结果如下：第一，信息化建设。有 81.8％的教师关注学校的信息化建设，说明湖北省农村中小学教师的信息意识普遍较强，对学校信息化建设具有积极性和浓厚的兴趣。有 81.7％的教师对学校多媒体设备了解，说明农村中小学教师普遍具备了信息意识和态度。第二，获取教学资源的途径。总体上呈现多元化，有 76.7％的教师利用搜索引擎（百度），获取有用的教学资源，说明农村中小学教师已经将互联网作为获取教学资源的主要渠道。通过学校专门的学科资源网站或学习网站获取教学资源的教师占总人数的 20.2％。第三，对教学资源的应用。有 78.1％的教师最常使用的教学资源是 PPT 类教学课件，说明 PPT 课件已经成为基础教育教学中重要且必不可少的教学资源。有 38.6％的教师最常使用电子教案，而仅有 3.3％的教师使用微课视频。[①]

（二）教师信息素养困境

我国教师信息素养存在的困境主要是，教师在信息意识、信息能力、信息道德等方面都存在需要加强和改善的地方。

1. 教师信息意识尚需加强和提高

教师对于使用计算机或网络辅助教学的意识还需要加强和提高。有些教师认为信息技术对改进教学过程、提高教学质量的作用有限，不愿意用信息技术

---

① 刘瑞子、任训学、雷体南：《湖北省农村中小学教师信息素养现状调查研究》，载《中国教育信息化》，2016(10)。

改进自己的教学；有些教师能够进行信息技术教学，但仅停留在浅层次的应用，且存在套用课件、操作技术薄弱、课件质量不高等问题。王英迪指出，教师利用信息技术的意识相对薄弱，对网络的认识和利用处于较低水平，主动学习信息技术的意识和将信息技术应用于教学的积极性有待提高。①

2. 教师缺乏必备的信息应用能力

曹志梅等认为，教师的信息能力是最薄弱的环节。② 许多教师停留在计算机的基本操作阶段，不会深入挖掘信息化教学的优势，不会利用教育教学资源去改进自己的教学。刘峰的研究发现，70％的教师的信息技术应用知识和技能欠缺，这制约了他们应用能力水平的提升。此外，信息技术与课程整合能力较低，有60％的教师需要信息技术与课程整合案例及相关指导。③ 肖桐等人的研究指出，教师的信息化教学能力偏低。④ 教师信息化教学能力的外显结果是由信息技术的操作和概念掌握能力、创设学习环境和学习体验能力、信息技术的方法策略与课程计划相融合能力所共同组成的。其中，教师创设学习环境和学习体验能力最为缺乏。

3. 教师的信息道德及安全意识不强

陈大伟等认为，信息道德及安全是信息素养教育中最容易被忽视的内容，教师的信息道德及安全意识应引起重视。⑤ 很多一线教师对于版权意识、知识

---

① 王英迪：《长春地区农村中小学教师信息素养培养策略研究》，硕士学位论文，东北师范大学，2006。

② 曹志梅、廉清：《高校教师信息素养现状调查与分析——以徐州师范大学为例》，载《现代情报》，2007，27(11)。

③ 刘峰：《中小学教师信息技术应用能力远程培训有效性研究》，载《中国电化教育》，2016(7)。

④ 肖桐、杨磊、易连云：《义务教育阶段教师信息化教学能力的多维测度研究》，载《当代教育科学》，2016(8)。

⑤ 陈大伟、孟晓莉：《信息化环境下高校教师信息素养现状及培养策略》，载《现代教育论丛》，2008(9)。

产权意识等认识不清，使用过复刻或者盗版的教学光碟和资料等。① 赵一璇的研究指出，通过对当前网络的道德情况满意程度的调查，教师的平均得分仅为2.68分（满分5分）。有部分教师认为网络上不健康画面与言语较多，因此对当前网络的伦理道德情况不满意；另外，有些教师则认为目前发达的网络带给人们的利远远大于弊，伦理道德情况也在逐渐改善，比较让人满意。② 王英迪指出，对那些超越了传统伦理道德范畴的问题，教师的反馈差异较大。例如，对于"您对直接使用网络上下载的科研教学文章资料的态度"时，有37.3％的教师认为"对"，17.8％的教师则认为"无所谓"，这表明广大教师没有较明确的信息道德标准，信息道德认识模糊。③

第二节　信息素养的内涵

一、信息素养

时至今日，信息素养概念的内涵、外延及其与相关概念的关系在学术界并没有得到大家一致的认同。然而，学界普遍认为，信息素养概念最早来自于美国。1974年，美国信息产业协会主席保罗·车可斯基（Paul Zurkowski）首次提出了信息素养（Information literacy）这一术语，他认为，信息素养"是人们在解决问题时利用信息的技术和技能"。此后，这个术语逐渐受到了人们的关注，其含义也在不断地演变和发展。澳大利亚学者布鲁斯（Kristen S. Bruce）提出信息素养包括信息技术理念、信息源理念、信息过程理念、信息控制理念、知识建构理念、知识延展理念等。1987年，信息学专家帕特丽曼·布雷维克

---

① 沈小碚、段志佳：《城镇小学教师信息素养调查研究》，载《教师教育学报》，2017，4(1)。

② 赵一璇：《小学教师信息伦理道德现状调查与分析》，硕士学位论文，辽宁师范大学，2012。

③ 王英迪：《长春地区农村中小学教师信息素养培养策略研究》，硕士学位论文，东北师范大学，2006。

(Patrieia Breivik)将信息素养概括为：了解提供信息的系统，鉴别信息的价值，选择获取信息的最佳渠道，掌握获取和存储信息的基本技能，如数据库、电子表格软件、文字处理等技能。1992 年美国图书馆协会给信息素养作了如下界定："信息素养是人能够判断确定何时需要信息，并且能够对信息进行检索、评价和有效利用的能力。"1998 年，美国图书馆协会和美国教育传播与技术协会（AECT）在其出版物《信息能力：创建学习的伙伴》中，从信息技能、独立学习和社会责任三个维度对信息素养进行了表述，提出了学生的九大信息素养标准。

在中国语境中，许多学者也陆续对这一术语进行了探讨，进一步扩展和丰富它的内涵和外延。例如，桑新民教授提出了培养学生信息素养的六条标准：(1)高效获取信息的能力；（2)熟练、批评性地评价信息的能力(正确与错误，有用与没用)；（3)有效地吸收、存储和快速提取信息的能力；（4)运用多媒体形式表达信息、创造性地使用信息的能力；（5)将以上一整套驾驭信息的能力转化为自主地、高效地学习与交流的能力；（6)学习、培养和提高信息文化新环境中公民的道德、情感、法律意识与社会责任。[1]

按照祝智庭和顾小清的界定，信息素养是个体能够认识何时需要何种信息，能够检索、评估和有效利用信息的综合能力；信息素养应该看作是一种新的信息文化，从知道如何使用计算机，到知道如何获取信息，到批判性地思考信息本身，到信息的技术构造，到其社会的、文化的甚至是哲学的情境和力量，都是现代信息社会的公民所应具备的。[2] 它可以指在信息时代，成为一名全球公民需要具备的跟信息有关的基本意识、能力、道德甚至文化。

信息素养也反映了人们在面对浩如烟海的信息时表现出来的心理状态。具体来说，它既包括利用传统手段和技术(例如图书、期刊、报纸等)来获取并利

---

① 桑新民：《多媒体和网络环境下大学生学习能力培养的理论与实验研究》，载《中国远程教育》，2000(11)。

② 祝智庭、顾小清：《信息素养：信息技术教育的核心》，载《中小学信息技术教育》，2002(1)。

用信息，也包括利用各种现代化技术手段（例如广播、电视、计算机、网络等）来获取和使用信息，甚至还应包括信息意识、信息伦理道德等。刘庆文认为，信息素养已不是单一的技术和技能问题，而是一个内涵十分丰富的综合性概念。它不仅包括普通意义上的利用信息工具和信息资源的能力，获取、识别信息，加工处理信息，传递创造信息的能力，还包括更深层次的以独立自主学习的态度和方法，以批判精神及强烈的社会责任感和参与意识，用于实际问题的解决和进行创新性思维的综合性的信息处理能力。① 还有人认为，信息素养是指人们在信息化社会中所具有的信息行为能力与思维方式，主要包括：信息的需求，信息的处理，信息的有效利用、评价和交流等各种能力，它是一种综合性的素质和能力。②

概括而言，信息素养是指信息环境中的个体通过学习、实践和创造所形成的在信息的获取、分析、处理、分享、创新和应用等方面的观念、意识、知识、能力、伦理等。

二、教师的信息素养

在"互联网＋"时代，如果教师缺乏必要的信息素养和能力，就无法有效面对教育创新和学生学习方式变化所带来的挑战。教师的信息素养和能力是教育信息化以及信息技术和教育融合的关键。

（一）教师的基本信息素养

教师的基本信息素养包括但不局限于以下几方面：第一，信息意识。教师对信息、信息社会、教育信息化有自己独到的理解和认识，对信息有较强的敏感度，理解信息资源对教育教学和学生发展的价值。第二，信息知识。教师对于计算机、信息、信息源等基础知识和基本技能的掌握。第三，信息能力。教师能够对信息加以准确高效的解释和甄别，能有效整合、共享并创造性地利用

---

① 刘庆文：《试论高校教师信息素养的培养》，载《科技情报开发与经济》，2006，16(23)。

② 伏秋平：《浅论高校教师的信息素养》，载《教育与职业》，2006(14)。

信息解决问题，能利用创新方式进行信息的表达、呈现和存储。第四，信息伦理。教师有较强的信息道德意识和信息安全意识。① 除此之外，由数据意识、数据能力和数据伦理构成的教师数据素养，也开始进入学者的研究视野。

1. 信息意识

信息意识是人们在信息活动中产生的认识、观念和需求的总和。信息意识包括人们认识到信息在信息时代的重要作用和对信息的敏感性和洞察力，还包括人们关注和遵守与信息和信息技术有关的伦理道德和法律法规的意识。信息意识是人们对信息需求的自我觉醒和感悟，从心理学的角度来说，信息意识就是人类社会中信息客观状态在大脑中的能动反映。②

就教师而言，信息意识是教师的大脑对信息（特别是与教育教学有关的信息）在社会交流系统中的性质、地位、价值、功能的认识的反映，它决定了教师获取、判断、采纳、分享信息的自觉程度。信息意识对教师所起的主要作用是，使他们明确自己的信息需求并指示其获取信息、利用信息等一系列行为的方向。信息意识能够促使信息需求和获取信息能力的高度结合，产生良好的信息利用效应。教师凭借自觉、敏锐的信息意识，能够准确地发现和掌握新的研究成果、新的论点、新的发明创造，获取并掌握有价值的信息，才能使自己的教育教学、学生管理、教科研工作走在创新和发展的道路上。③ 具体而言，教师的信息意识主要包括：（1）对信息及信息技术有较强的敏感度，能迅速有效地发现并掌握有价值的信息，善于识别信息的真伪，善于将信息现象与实际生活、工作、学习迅速联系起来，善于从信息中找出解决问题的关键。（2）在工作和生活中有充分利用信息及信息技术的愿望，有学习和掌握信息技术新知识、新技能的意识。（3）对信息和信息技术有关的伦理道德和法律法规有自觉

---

① 张进良、李保臻：《大数据背景下教师数据素养的内涵、价值与发展路径》，载《电化教育研究》，2015(7)。

② 范媛媛：《中小学教师信息素养评价标准的研究和设计》，硕士学位论文，吉林大学，2006。

③ 何晓玲：《信息化教育背景下教师的信息素养内涵分析》，载《继续教育研究》，2009(4)。

关注和遵守。（4）能够在教育活动中自觉认识到信息及信息技术的重要性，能够自觉应用信息技术为教育教学服务，能够深刻领悟信息技术对于改进教学、提高教学效率的重要性。

教师的信息意识在一定程度上还可以表现或者界定为教师对于信息技术的态度和信念（这些态度和信念在很大程度上会影响教师在课堂中整合信息技术的程度、方式方法以及有效性等）。[①] 教师关于信息技术的信念是教师在生活过程中积累的信息、态度、价值、期望、理论和假想等，是关于信息技术及其相关实践活动的判断和思考。教育信念会影响教师的教学行为方式、教学效能感等，进而影响学生的学业成就。因此，教师关于信息技术的信念和态度，会在一定程度上影响教师对于信息技术本质的理解。[②] 如何帮助教师正确认识自己关于信息技术的信念，如何促进教师重塑与技术有关的信念和态度，以及在重塑过程中采用哪些具体的、有效的策略，诸如此类的议题需要进一步探索。

教师信息意识的高低将直接影响教师获取信息、处理信息的能力。作为教育教学过程中信息的收集者、加工整理者和传递者，教师需要具备敏锐的信息意识，特别是对教育教学有价值的信息。教师除了具有一般信息意识外，要具有在众多信息中分辨出对自己教学有益的信息的能力，能够通过多种渠道获得信息，例如网络、报纸、杂志、电视等各种媒体，养成生活中随时随地能获取信息的习惯。只有这样，教师才能在教育教学过程中更好地获取大量有益教育教学的信息。[③] 教师信息意识的形成，主要依赖于教师积极主动地学习现代教育理论，掌握信息技术和教育技术的知识和技能，在教学和科研实践中自觉地运用信息技术和教育技术，不断改进教育教学的方式方法，注重总结和反思，逐步认识信息技术对教育的巨大影响及其在教育领域应用的重要性。

---

① YongZhao, Kenneth A. Frank, "Factors affecting technology uses in schools：An ecological perspective," *American Educational Research Journal*, 2003, 40(4), pp. 807-840.

② 李伟、林建香：《信息技术教师教学信念与教学行为关系的调查研究》，载《电化教育研究》，2012(9)。

③ 崔颖：《农村小学教师信息素养的现状问题与对策研究》，硕士学位论文，山东师范大学，2011。

信息意识的培养主要指个体主动、自觉地感知和获取周边的信息，以提升自身的素养或为其应用信息解决问题提供基础。比如，在生活、学习中，教师应该有意识地、主动地捕捉那些比较重要的信息，养成主动积累信息的意识和习惯，久而久之，对周边的信息就会具有敏感性。这是信息意识培养的初级阶段，在这一阶段，教师可以利用传统的笔记本、微信收藏、云收藏及网络信息日志等手段积累信息。当信息意识达到较高水平，教师就可以自觉地利用一些碎片化时间，积累碎片化信息，可以在解决问题时对过往的信息知识主动建立联系。教师信息意识的培养主要在于个人自觉的自我培养，而伴随着信息意识自我培养的必将是知识的迅速积累，这对于教师信息能力及教学能力的提高具有深远的意义。①

2. 信息知识

作为信息素养的重要组成部分，信息知识是指人们在利用信息技术工具、拓展信息传播途径、提高信息交流效率中所积累起来的与信息和信息技术有关的知识等。信息知识的内容包括对信息本质、信息存在方式和传播规律的了解；对信息系统基本构成、基本原理和基本功能的了解；对信息技术的基本常识与历史的了解；对信息技术的作用与影响以及信息技术有关法律与道德问题的了解。在信息时代，了解和掌握与信息和信息技术有关的基本知识，可以巩固和加强人们的信息技术的意识、能力以及伦理道德。

教师应该具备信息理论的基础知识，在信息的获取、处理、传递过程中，能够熟练使用与信息技术有关的基本硬件和软件工具。对于教师来说，教师应该掌握的信息知识有：(1)理论知识。包括信息和信息化的性质，信息化社会及其对人类的影响，信息的获取方法和原则等；(2)现代信息技术知识。包括信息技术的原理、软硬件知识、信息技术的作用及信息技术的发展和未来等。

---

① 陆亚丽、张艳：《基于教育信息化的教师信息素养培养》，载《教育理论与实践》，2015(22)。

(3)了解与信息和信息技术有关的基本的法律法规。①

3. 信息能力

信息能力是指人们有效地利用信息工具和信息资源获取信息、加工信息以及利用信息的能力。这是信息时代重要的生存能力，也是终身学习的能力。教师的信息能力包括基本的信息工具使用能力，获取识别信息能力，信息加工处理能力，信息表达和交流能力，信息评价能力，信息技术与教学整合能力等。

(1)信息工具使用能力。硬件方面：能够使用多媒体计算机、光盘播放系统、打印机、扫描仪、投影仪等信息设备，并能对其进行简单的维护。软件方面：能够了解计算机操作系统的常用设置，能够安装和卸载各种应用程序，能够用杀毒软件进行系统维护。②

(2)获取识别信息能力。教师要能够根据自己的教学需要，充分利用现代化信息传播工具获取所需要的教学信息。如利用传统图书馆、数字图书馆以及互联网等信息源进行检索、查询、浏览和下载教学信息。

(3)信息加工处理能力。在获取信息的基础上，教师应能够对所获取的信息进行科学地分类、命名和存储，能够利用一些软件工具进行信息的筛选、截取、编辑加工。随着教学工具软件的发展，教师可以自行编制教学课件来辅助教学。

(4)信息表达和交流能力。教师将所获取的信息经过筛选、加工和处理之后，能够根据教学需要传达给学生，成为学生在学习过程中正确使用有价值信息的引导者和信息教育中的领航人。教师应能够进行网上通信，开展在线讨论，指导学生开展网络协作学习等，从而及时获取有价值的信息。

(5)信息评价能力。这要求教师不但要精通本学科的知识，同时还应有较宽的知识面，一专多能，真正成为一个合格的、博学的指导者。

---

① 王英迪：《长春地区农村中小学教师信息素养培养策略研究》，硕士学位论文，东北师范大学，2006。

② 康玥媛、吴立宝：《中小学教师信息技术应用能力现状调查研究》，载《天津师范大学学报(基础教育版)》，2016，17(3)。

（6）信息技术与教学整合能力。信息技术与教学整合能力是教师信息素养的实践应用能力，是信息素养的最高体现。教师能够运用系统方法，在教育学、心理学、传播学等教学理论指导下，优化组合不同的媒体，呈现丰富、恰当的教学资源，运用合适的教学策略，发挥信息技术最大潜力，开展基于资源的自主、探究、协作型学习，实施高质量和高效率的教育。

此外，康玥媛和吴立宝在他们的研究中提出，教师的信息技术应用能力还包括：常用办公软件及多媒体技术应用能力，移动终端应用能力，网络课程开发与设计能力。[①]

教师的信息能力是关系教学过程中信息的有效性的关键因素。信息是否对教学有帮助，是否能给学习者的学习带来方便，都在于教师的信息能力。只有教师的信息能力得到提升，教师才能充分使用现代化信息技术为教学服务。

在我国基础教育领域中，大部分教师并没有受到过专业的、系统的现代信息教育培训，导致其对信息技术的理论认知缺乏，从而使其具体的信息应用能力不足，在教学资源管理、教学课程信息化设计等各个方面缺乏专业性。此外，许多教师队伍的年龄结构与知识结构存在弊端，一些教师对计算机操作技能并不能完全掌握，对于互联网技术一知半解，使得其信息应用能力不强，缺乏"互联网＋"时代下从教、执教的基本教学技能。

4. 信息伦理

信息伦理，也称信息道德，是指人们在获取、利用信息过程中必须遵循的信息伦理思想、信息伦理原则、信息伦理的手段和途径。教师的信息伦理具体指教师在信息的获取、使用、制造和传播过程中应遵守的伦理规范，如不得侵害社会或侵犯他人合法权益，不得向学生传播虚假、有害信息，不进行计算机犯罪活动等。教师在信息活动中必须遵守基本的行为准则和规范，自觉抵制不良信息，尊重他人信息产权和隐私权。

---

① 康玥媛、吴立宝：《中小学教师信息技术应用能力现状调查研究》，载《天津师范大学学报（基础教育版）》，2016，17(3)。

在信息获得过程中，教师要对信息进行客观的认识，获取有用的信息，对于负面信息要有强有力的抵制力；在信息加工过程中，处理的信息应该有利于学生的学习成长，有利于社会的发展需要；在信息传递过程中，教师应该通过各种合理合法的手段，取其精华去其糟粕，传递对学生身心健康有益的信息。

信息技术环境下教师的信息伦理除了要具备社会公民普遍需要具有的信息道德以外，还应强调如下三点：一是教师应对自己的职业有一种社会责任感，在教学工作中要不断培养和提高学生利用信息技术的社会责任感，引导学生利用信息技术做有益于社会的事，引导学生不断提高自身各方面的修养；二是教师在信息技术应用中要保证教学内容的科学性；三是在利用信息技术时，要尊重他人的劳动与信息产权。[1]

(二)教师整合技术的学科教学知识(TPACK)

在课堂教学实践中，如果教师要有效地将信息技术同自己的学科教学加以整合，就要明晰信息技术整合的本质过程、方式方法等，深入理解技术、学科内容和教学方法三者间的相互关系，即具备整合技术的学科教学知识(TPACK)(图1)。

教学是一项高度复杂的活动。教师处理教学活动需要基于多维的综合性知识，即"学科教学法知识"(PCK)。[2] 而在信息时代，教师需要具备充足的"整合技术的学科教学知识"(TPACK)。[3] TPACK 的提出，促使信息技术与学科教学的整合不仅是教师需要掌握的一项技能，更是建构于教师大脑中的综合性、技术性知识体系。教师的 TPACK 对于开展有效教学，促进学生的高阶思维和认知发展具有重要作用。

---

[1] 崔颖：《农村小学教师信息素养的现状问题与对策研究》，硕士学位论文，山东师范大学，2011。

[2] Lee S. Shulman, "Knowledge and teaching：Foundations of the new reform," *Harvard Educational Review*，1987，57(1)，pp. 355-356.

[3] 董艳、桑国元、蔡敬新：《师范生 TPACK 知识的实证研究》，载《教师教育研究》，2014，26(3)。

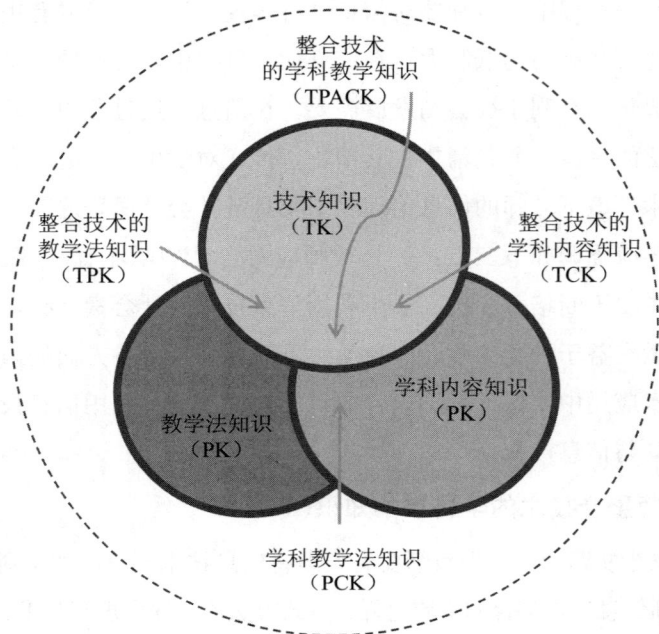

图 1　TPACK 框架及其知识要素①

第三节　信息素养的提升策略

能够合理有效地使用现代教育技术是现阶段每个教师必备的基本素养，而信息素养又是体现现代教育技术水平和信息技术整合能力的关键所在。因此，提高教师的信息素养就成为教育亟待解决的问题。教师信息素养的形成是一个集多元化教学能力及信息品质为一体的宏观概念，是教师经过多次反复教学实践所形成的自动化行为模式，是教师职业道德和专业素养的外化表征，是教师

---

① 　焦建利、钟洪蕊：《技术—教学法—内容知识（TPACK）研究议题及其进展》，载《远程教育杂志》，2010(1)。

的教学认知能力与教学实践能力两者共同精进所达到的综合水平。① 我们认为，在"互联网＋"时代，教师信息素养提升的关键问题，是变革碎片化的技能培训，结合系统论的思想，全局地考虑提升策略和途径。

一、教师信息素养的自我提升

第一，教师要自觉培养互联网思维。教师的互联网思维主要表现为平台化思维、大数据思维和碎片化思维。平台化思维就是要努力把课堂建成一个教师工作、学习交流、成长的平台。教师通过开设电子公告板（BBS）、微博、博客等进行网络课堂管理和交流，及时发布或转发教育教学资讯。② 大数据对于教师发展的意义，就是对教师在教学过程中获得的数据进行分析，从而改进教师的教学服务。数据的分析及处理是学校和教师发展的一个重要途径。例如，教师可以在课堂观察中应用大数据观念，设置不同的观察点，最后把这些观察点汇总起来，让课堂观察更加立体、真实、科学。此外，现在人们生活在一个信息"碎片化"时代，我们需要在一个时间段内进行多任务切换。因此，教师在教学中可以采用正式教学与非正式教学结合的方式进行，在正式场合提出学习主题及学习要求，把学习内容的讨论与交流放在各种非正式场合，如在适当时间利用校园网平台、微博、博客、手机校园 APP 等平台推出短小典型的案例，让学生进行讨论，充分利用师生的碎片化时间进行学习交流。

第二，教师要提高信息筛选能力。互联网上的信息是海量的，但这些信息又是零散、不系统的。在纷繁芜杂的信息中，教师应当充分利用搜索引擎查阅信息。此外，教师要善用"订阅"功能，一个功能合理的信息获取类网站，通常都会提供一个"订阅源"（RSS），教师可以通过网站提供的订阅源订阅关注感兴趣的信息。同时，教师要利用互联网资源实现教学的有效组织与管理。教师可

---

① 王轶、石纬林、崔艳辉：《"互联网＋"时代青年教师信息素养研究》，载《中国电化教育》，2017(3)。

② 刘济良、王洪席：《"慕课"之于大学教学变革：价值与限度》，载《教育研究》，2015(8)。

按教学目的的不同，把包含不同媒体信息的各种教学内容组成一个有机的整体；也可按教学内容的要求，把包含不同教学特征的各种教学资料组成一个有机的整体；还可按学生的知识水平，把相关学科的基础知识和拓展知识有机组合。[①]

第三，教师要增强互联网工具的选择能力。移动互联网、云计算、大数据等科学技术为教育教学活动提供了先进的教学支持，但教学的真正目的不是追求媒体的先进性，而是实现教学效果的最优化。不同的教学媒体具有不同的教学特性，不存在一种适应于所有课程类型的技术，因此教师应当根据教学目标、教学内容和教学条件来选择合适、实用的技术。比如利用百度百科、360百科等进行互动学习，利用微信、微博进行碎片化学习等。[②]

第四，教师要积极转变教育教学观念。教育技术的发展和课程标准的实施，都迫切需要教师转变传统的教育观念。教师只有端正了教育思想，转变了教育观念，才能树立正确的学生观、发展观、知识观和课程观，才不会让素质教育流于形式。因此，教师要积极开展"翻转课堂"、网络学习和移动学习的研究，研究如何适应学生学习方式的转变，如何让学生更好地掌控学习，增加学习中的互动，增进家校间的交流等。

第五，教师要树立终身学习观。新型技术产品的不断问世，引发了教育技术和教学手段的变革，教师要想真正掌握这些产品并用于教学实践中，就要不断地去学习、研究和实践。例如，电子书包是教师进行终身学习的一个非常好的学习平台，教师可以利用电子书包进行网络自主学习和移动学习，可以随时随地自由选择学习内容和学习方式。这不仅丰富了教师的专业知识，提高了理论素养，还提升了教师的教学技能，实现了专业成长。

[①] 甘蓉：《网络环境下的教学设计》，载《价值工程》，2013，(12)。引用时略有改动。

[②] 周辉、郑健：《"互联网＋"时代高校教师信息素养的现状及提升策略》，载《中国成人教育》，2016(14)。

二、教师信息素养培训

提升教师信息素养是推动教育信息化和提高教师队伍质量的关键环节。教师信息素养的培养不同于文化知识学习，要积极探索集中培训和校本培训相结合的互动培训模式，不搞"一刀切"的统一培训。针对当前教师培训中信息素养方面内容的缺失以及对信息素养理解不科学等问题，需要从教师教育者、学科教学整合、实践环境、培训方式以及学习方式的变革五个方面开展培训。

(一)提升教师教育者的信息素养及信息技术整合能力[①]

教师教育者被认为是教师教育知识的生产者、教师专业发展的引领者以及教师教育文化的推动者。[②] 在倡导教师专业化的今天，无论职前教师还是在职教师，都会或多或少受到那些提供教师专业发展帮助的教师教育者的影响。因此，教师教育者的信息素养、信息技术整合能力以及对信息技术的信念和态度等，都会对教师产生示范性效应。教师信息技术能力和素养的提升，离不开对于教师教育者的研究和培训。

(二)提升教师在学科教学中整合信息技术的能力

中小学教师信息技术应用能力的提升，关键问题不在于技能操作的训练和掌握，而是要努力实现信息技术与学科教学的深度整合。[③] 我国关于信息技术与学科教学整合的讨论，始于20世纪与21世纪之交。例如，马宁、余胜泉讨论了信息技术与课程整合的过程和状态，并根据信息技术与课程整合的不同程

---

①　桑国元、董艳：《论"互联网＋"时代教师信息素养内涵演进及其提升策略》，载《电化教育研究》，2016(11)。

②　康晓伟：《教师教育者：内涵、身份认同及其角色研究》，载《教师教育研究》，2012，24(1)。

③　单丽：《提升中小学教师信息技术应用能力的培训课程开发实践》，载《中国电化教育》，2015(2)。

度和深度，将其进程划分为三个阶段十个层次。① 孙立文结合教学实践总结出五种信息技术与课程整合的模式：场线型整合，抛锚、支架型整合，网络型整合，英特尔未来教育理念下的整合，研究性学习双阶段整合。② 然而，学者的讨论常聚焦于具体学科之上，言说一般意义上的课堂教学与信息技术的整合，并没有真正从某一具体学科本质和思想方法的层面来谈论信息技术的有效整合。因此，这一艰巨任务落在了学科教学专家和信息技术专家的肩上。

(三)营造利于教师信息技术整合的实践环境

我们知道，用硬件填充教室和电脑机房是件相对容易的事情。但是，让教师在日常教学活动中积极主动使用教室内外的技术以支持学生的学习则异常艰难。研究者认为，如果缺乏必要的支持和动机，信息时代的教师依然会按照传统的方式开展教学。因此，师生需要更加开放和创造性的技术环境，在这样一种环境中，技术整合不应被应试教育挤占，家长能够允许自己的孩子在合理的范围内使用信息技术设备，学校能够鼓励教师在课堂教学内外整合信息技术，教师能够给予学生更充分的自由去动手实践技术本身。最终，教师的信念、教学法知识、技术水平等相互影响，并逐渐融入学校文化中，进而影响教育教学实践。③

(四)实现线上研修和移动学习的有机整合

网络研修是一种以网络为基础开展教研工作的新方式。它为教师提供了内容丰富、理念新颖、技术先进、实用便捷的优秀课程资源，在这种网络环境中教师能够与其他教师、专业人员平等地进行交流，进行信息获取和应用。网络研修不仅提高了教师的信息获取能力，同时也促进了教师专业化的发展，提高

---

① 马宁、余胜泉：《信息技术与课程整合的层次》，载《中小学信息技术教育》，2002(16)。

② 孙立文：《信息技术与学科教学整合模式的类型和特点》，载《中国电化教育》，2004(1)。

③ Yong Zhao & Kenneth A. Frank, "Factors affecting technology uses in schools: An ecological perspective," *American Educational Research Journal*, 2003, 40(4), pp. 807-840.

了教师的信息素养。①

　　作为一种全新的学习模式，移动学习在移动计算技术基础之上悄然而生。通过有效结合移动计算技术，移动学习方式给学习者带来不受时空局限的全新学习体验。就学习所使用的硬件资源而言，移动学习是使用便携设备并发生在一定情境中的学习；就学习方式而言，移动学习不是孤立于其他学习方式而独立存在的；就学习结果而言，移动学习不仅仅是向移动终端输送或呈现内容，更是对学习者学习力的提升。开展教师移动学习是"互联网＋"时代提升教师信息技术应用能力和信息素养的重要途径之一。开展教师教育信息技术能力培训，可以采取基于教学问题和教研项目的网络研修活动策略。② 该策略包括如下活动和进程："信息化教学问题的提出—问题分析—信息收集—信息分享—协作交流—提出方案—反思日志—过程监控。"③此外，"微课""慕课"等培训形式也在很大程度上为教师的线上学习和移动学习带来了益处。这些模式能够提高教师信息技术培训的效率，提升教师的专业发展能力，并能加深教师对信息技术本质特征的再认识。从实施效果来看，这些培训方式可以弥补传统培训的诸多不足，又能发挥网络资源共享和交互性的优势。

（五）迎接"互联网＋"时代教师学习方式的变革④

　　在教育领域，信息通信技术带来了个性化、智能化、移动化等全新学习理念，从而带来了学习方式的变革。基于网络技术的学习是"互联网＋"时代学习方式变革的一大重要特征。基于网络技术的学习有助于将丰富的知识信息及时传递到学习者的学习内容中，极大拓展学习者的视野；有助于构建丰富的、反思性的学习情境，为学习者的自主学习创设更多的机会；有助于实现学习资源

---

　　① 刘瑞子、任训学、雷体南：《湖北省农村中小学教师信息素养现状调查研究》，载《中国教育信息化》，2016(10)。

　　②③ 林秀瑜、杨琳：《基于教师信息技术应用能力提升的网络研修策略研究》，载《中国电化教育》，2015(7)。

　　④ 桑国元、董艳：《论"互联网＋"时代教师信息素养内涵演进及其提升策略》，载《电化教育研究》，2016(11)。

的有机整合，为学习者提供丰富的选择性和主体性。

第一，基于互联网技术的自主学习、合作学习和探究学习。在传统的教师学习中，由于教学内容、教学目标、学习资源、团队建构等因素的影响，教师的自主学习、合作学习和探究学习往往受到限制。在网络环境下的教师学习中，学习者可以自由地分配学习时间，控制学习进度，选择学习方式，使学习变成了一个各取所需的过程。教师在遇到感兴趣的学习主题时，可以邀请他人共同参与讨论，共同发现问题和解决问题。合作学习也可以通过视频会议、在线讨论等多种方式进行，从而实现合作方式的多元化。此外，在信息技术这个平台中，教师探究的时间更加充分，空间更加广阔，方式更加多样。

第二，基于信息技术的个别化学习。在"互联网＋"时代，不同的学习者个体可以体验不一样的学习过程，形成多样化的知识结构和思维方式。这样的改变也给教师专业发展提出了更高的要求：要为教师提供更多选择和更具特色的专业发展机遇。教师教育者的学科知识体系应通过不同的教学活动设计传授给教师，因材施教，满足不同教师的专业发展需求，最终实现教师学科教育知识体系的完善和教学效能的提升。信息技术手段可以为个别化学习提供重要的平台、资源和学习共同体。网络资源和平台的开放性、共享性可以提供人机交互等多种模式来满足多元化的学习需求。此外，"互联网＋"时代的大数据还可以通过学习行为的分析形成智能化和个性化评价，以进一步设计教师的个性化学习过程和内容。

互联网改变了传统的学习方式。教师的教学方式和学生的成长方式也需要随之变化，否则无法真正体验互联网为人类所带来的便捷性和丰富性。在"互联网＋"时代，结合互联网工具和互联网思维，教师应形成具有信息特征的教育思想和观念，建构自己的信息化教育哲学，为教育教学方式的变革以及学生的学习和发展服务。教师可以利用互联网平台整合学习资源，学生也可以利用互联网真正实现个性化和多元化学习。师生都可以借助互联网的神奇魅力，成为具有创新意识、信息素养、批判精神的 21 世纪教育者和学习者。现代教育要培养学生面向未来，解决未来不可预知的问题和挑战的能力，这包括了创造性思维和批判性思维能力、问题解决能力、团队协作能力和沟通交流能力等。这些能力的培养，离不开系统思维影响下教师信息素养和信息技术整合能力的有效提升，而提升这些素养和能力的策略，也要符合"互联网＋"时代的基本特征。

第七章 研究素养

　　随着教育改革和新课程的实施发展，教师不仅要做一名教学实践者，还要做一名学习者和研究者，"教师即研究者"已经成为广大教师的共识，每一位教师都必须掌握教育研究的科学方法和技术，必须学会如何开展教育教学研究。换言之，教师需要具备研究素养。"教师的教育研究能力是时代的发展需求，也是教师自身专业成长与发展的介质与通道。教师的教育教学活动具有动态性和过程性，教育教学活动的价值、意义和方式具有生成性和开放性，教师必须采用科学的教育研究方法进行有目的、有计划、有系统的研究，创造性地解决问题。高素质的教师掌握研究能力，才能使自己的教育教学实践建立在科学理论基础之上，才能更好地完成教育使命。"①

第一节　研究素养的时代要求

　　随着时代的发展，教师的研究素养越来越受到教育研究者和实践者的重视。通过开展教育研究，教师可以随时反思教育教学活动，及时发现和解决教育教学中的新问题、新困惑。在开展教育研究的过程中，教师不再是理论的被动接受者，而是理论的研究者和行动者。

---

　　① 　杨茂庆、孙杰远：《聚焦于教育研究能力的教师教育模式探析》，载《教育研究》，2012(12)。

一、"教师即研究者"理念及其时代影响

(一)国际背景

20世纪70年代以来,"教师即研究者""反思的实践者""反思性教学""行动研究"等概念越来越多地出现在各种教育文献中,成为教育研究和教师培训领域中的热点。这些概念都传达着一个理念:每一位教师不仅要做一名教学实践者,还要做一名学习者和研究者,"教师即研究者"已经成为广大教师的共识。作为教育理念的实践者和践行者,教师不再仅仅充当传统意义上的"传道、授业、解惑"的角色,而应该发挥自己的优势成为教育研究者。教师置身于教育教学的实践场域,是最有切身体会和最具教育发言权的实践者。"校长和教师在学校生活中,有行动的目的、责任,能够体察实践活动、背景以及有关现象的种种变化,能够通过实践检验理论、方案、计划的有效性和现实性,他们对学校实际问题最有发言权。"[①]联合国教科文组织在一份报告中曾指出:"在今天,从教师在教育体系中的作用看,教师与研究人员的职责趋向一致。"

(二)国内背景

我国政府也非常重视提升教师队伍的研究能力和研究素养。例如,2012年2月,教育部颁布《中学教师专业标准(试行)》,指出教师应研究学生,针对教育教学(或保教)工作中的现实需要与问题,进行探索和研究。2013年12月,教育部副部长刘利民在第二届全国教研系统负责人联席工作会议上中讲到,教学研究是基础教育教学工作的重要组成部分,是深化课程改革,提高教学质量的重要保障,是提升教师专业素养,促进教师专业发展的重要途径。刘利民指出了新形势下基础教育教学研究工作的五项重点任务:"一是开展课程教学育人研究,推动育人模式改革,教研部门要将课程教学的育人研究放在首位,坚持德育为先,加强课程育人研究,强化实践育人研究。二是加强课程整合与实施研究,完善课程制度建设,确保课程改革的理念能够在实践中落地生

---

① 郭晓娟:《开展教育科研提高教师素质》,载《晋中学院学报》,2006(6),23(03)。

根。三是加强教学实践研究，推进教学改革深入发展。四是开展考试评价研究，着力推进中考制度改革，以及高中学业水平考试和综合素质评价制度、中小学教育质量综合评价、教学评价等方面研究。五是增强研修实效，促进教师专业发展，将教师的当前需要和长远专业发展结合，深入研究行之有效的教研方式，提高研修质量。①"

总之，教育科研知识及教育教学研究实践对于任何一名教师来说都是必须学习且应该掌握的，提高教师教学研究能力成为教育改革发展中的重要任务。这是时代发展和教师队伍建设质量提升的要求。教师在进行教研活动时，不仅要完善自身教学研究理论知识，而且要提升教学研究能力水平，从而实现教学质量的提升与优化。

二、教育研究与实践的脱节

教育理论研究者往往重视理论研究，很少深入调查与实践——"研而不教"，而一线教师则重视教学实践，很少进行教学理论研究，且难以将相关教育理论知识运用到教学实践中，属于"教而不研"。这就导致了理论与实践相分离的"两张皮"现象。理论研究者往往从宏观的角度对教育现象进行形而上的研究，致使其研究成果相对思辨，操作性不强，难以被一线教师理解和运用。与此同时，对于广大一线教师而言，他们关注的焦点是实际问题的解决，而忽视通过研究的手段解决实际问题，这就造成了教育理论和实践的脱节。当前，大多数一线教师教育教学研究能力欠缺，难以适应新课程改革的要求，也制约着教师自身的专业发展。教师讲课不能依照教材按部就班，需要深度理解教学内容，有自己的见解和创新，这是建立在严谨扎实的研究活动基础之上的。许多教师长期只搞教学不搞科研，导致对教材内容的理解只是停留在书本表面，缺乏自己的观点。即使开展研究，由于缺乏先进理论的指引和严谨科学的教育研

---

① 赵小雅：《第二届全国教研系统负责人联席工作会议召开》，载《中国教育报》，2013-12-31。

究活动，教育教学研究缺乏系统性和科学性，难以上升到理性水平，难以创新和突破。[①]

如果一线教师能够在理论工作者的指导下，在行动过程中担当起研究者的角色，对自己的教育教学实践活动进行研究，使得自己的教育教学活动建立在证据之上，那么，这种基于理论知识和研究证据之上的教学实践，可以填补理论和实践之间的"鸿沟"。教师作为研究者，其研究扎根于教育实践过程，属于对学校教育教学活动的科学性干预。因此，其研究的优势不在理论研究和基础研究，而在于行动研究和实践研究。[②]

三、教育教学实践活动本身要求教师成为研究者

教育教学活动本身是动态的，其价值、意义和方式是生成性的，这就要求教师必须对自己的实践活动进行反思研究，创造性地解决教育教学的实践问题。苏联著名教育家苏霍姆林斯基曾经说过："如果你想让教师的劳动能够给教师带来一些乐趣，使天天上课不至于变成一种单调乏味的义务，你就应当引导每一位教师走上从事研究这条幸福的道路上来。"教师在教育实践活动中会不断遇到新的问题，需要不断地反思、研究。当教师以研究者的姿态追求个人实践的合理化、理性化时，就能充分发挥自己的潜能，创造性地解决在实践中遇到的问题，从而能够真正体会教学工作的乐趣，感受创造、成长和发现的快乐，进一步体会自己存在的价值和意义。[③]

改进教育教学实践和完成自身专业化发展需要教师成为研究者。教师可以有意识地进行教育教学活动，但不见得会有意识地反思自己教育教学活动的深层意义及产生的影响。这使他们易于单凭积累起来的有限的教育经验进行简单的重复性教学实践，这种机械的重复性将逐渐导致知识结构定型、思维定式和

---

① 刘如平、曲苒、徐长林：《农村教师教学研究能力提高的快捷之路》，载《当代教师教育》，2010，03(2)。

②③ 古丽萍、李森：《教师教育研究能力现状调查与对策研究—以乐山市中区小学教师为例》，载《基础教育》，2009(11)。

经验主义倾向，从而导致教师的教育教学能力停滞不前。如果教师在实践中进行在理论指导下的具体研究工作，便可以提升自我反思的能力，增进了解自己行为的意义和作用，注意分析那些阻碍他们工作的因素，从而改进自己的教育教学实践，提高自身的专业能力。①

第二节　研究素养的本质与内涵

一、教师的教育研究及其本质

"研究"是"用科学方法探求事物的本质和规律"②。教育研究是促进教育事业发展的动力之源。对于一线教师而言，教育研究的重点是教学研究。华东师范大学郑金洲教授指出，教学研究就是教师们组成一个教研小组，以教学中的实际问题为研究对象，共同查阅、收集与研究问题相关的研究资料并组织设计、实施研究方案，逐渐解决研究问题且不断反思和总结的过程。张小亚和张亚利总结了教师的教研能力包括选题能力、收集信息的能力和总结写作的能力。③"从广义上讲，教学研究可以看成是教育工作者对待教育的一种态度。当一个教师走上讲台之前，如果他不是把教材、教学程序、教学方法看成机械的、固定不变的模式，而是从了解学生入手，对已有的教学内容经过恰当的筛选和加工，然后选择合适的教学方法，这种过程本身就是研究。而从狭义上看，教学研究属于规范研究的一种，是基于一定的观念、方法和途径对教育问题的一种探索、研讨过程。"④也就是说，教学研究是研究教育的规律性、实质性的活动。美国学者认为，教学研究主要探讨和回答三个问题：教师的教学是

---

①　薛家苗：《高中地理教师教学研究能力现状与策略研究——以江苏省为例》，硕士学位论文，华中师范大学，2016。

②　《辞海》编辑委员会：《辞海》，2460 页，上海，上海辞书出版社，1999。

③　张小亚、张亚利：《从"教书匠"到"教育者"谈中学教师的教学研究能力》，载《新课程研究》，2009(6)。

④　鲍传友：《做研究型教师》，44 页，北京，教育科学出版社，2007。

怎样的，教师为什么那样教学，那样教学的效果怎样。[①]

研究者指出，教师开展教育教学研究，具备三个有利条件："一是有丰富的教育实践经验，教学研究所需要的大量信息，只有在教育实践中才能得到，这是工作在教学第一线的教师进行教学研究所具有的得天独厚的条件。二是最了解学生。教师作为教育实践的主力军，无时无刻地不在直接面对教育对象——学生，他们对学生最了解、最熟悉，这是从事教学研究的基础。三是最熟悉教材。教材是教师联系学生的中介，广大教师长期从事教学第一线工作，对教材最熟悉，对当前教学的现状最了解，对教学中存在的问题体会最深而且最有发言权。[②]"

针对一线教师而言，教育教学研究的内容范围很广，概括起来主要包括四大方面：人，事，物，理。人，主要指学校教育中的主体——学生和教师；事，就是指教与学的一切活动、现象；物，就是指教学活动中所依据的课程标准、教材、教学设施及教学策略等；理，则指教育教学的理论、方法等。

二、教师研究素养的内涵

实际上，素养是个体知识、技能、情感、态度、价值观等多方面要求的综合表现。教师的研究素养，是指教师在教育科学研究方面的意识、知识、能力、伦理等。

(一)教师的研究意识素养

"'意识'这个词同'灵魂'一词一样，是用来表示'内容'的总体或某个时刻结合成一个统一整体的心理过程的。""哪里有意识，哪里也就有意识的统一性。""这个统一体越广泛全面，个体就越是具有真正的'人格'——事实上，这

---

① Merlin C. Wittrock，*Handbook of research on teaching：a project of the American Educational Research Association*. New York，Macmillan；London，Collier-Macmillan，1986，p. 217.

② 李定仁：《论教学研究》，载《教育研究》，2000(11)。

个统一包括了人的全部生存期间的统一。"①教师的研究意识是指教师富有创造性地进行教育教学工作，主动探究教育实践，丰富知识，完善思维，健全人格，促进发展，追寻教育教学新的意义的精神力量的总和。同时，研究意识也是指教师对教育科学研究价值和意义有充分的认识，有强烈的研究兴趣和内在动力。衡量一个教师有无研究意识，主要就是观察其在教育教学工作中能否自觉自愿地参与到教育科学研究活动中。教师研究意识的构成要素包括认知、情感、社会三个维度的内容，其中认知维度包括洞察力、想象力和反思力；情感维度包括热情、激情和同情；社会维度包括合作与协调。②

(二)教师的研究能力素养

教育研究能力是现代教师必备的素质之一。教育研究能力是指运用一定的理论和方法，发现、研究、解决教育问题的能力。它和教育能力、教学能力、反思能力一样，是教师能力结构的重要组成部分。③ 教育研究能力是建设现代化师资队伍，提高教育质量，深化教育改革的重要举措。④ 教师的教育研究能力的主要结构要素，包括确定研究问题的能力，制订研究计划的能力，实施研究计划的能力，以及撰写和分享研究成果的能力。⑤

1. 确定研究问题的能力

科学探究的一般过程是从发现问题、提出问题开始的。发现问题有时比解决问题更为重要。从本质上讲，教育科学研究也是一个发现问题并解决问题的过程。对于一线教师来说，研究问题源自教育教学情境中的实际问题。在教育教学实践过程中遇到的困境、困惑，产生的质疑等均可以作为研究主题。当然，在确定研究主题和问题的过程中，教师往往需要查阅最新的教育教学研究

---

① 石里克：《普通认识论》，155-169 页，北京，商务印书馆，2005。
② 吴刚平、余闻婧：《论教师的研究意识》，载《中国教育学刊》，2010(12)。
③ 米久奇：《小学教师教育研究能力的培养》，载《湖南教育》，2005(11)。
④ 古丽萍、李森：《教师教育研究能力现状调查与对策研究—以乐山市中区小学教师为例》，载《基础教育》，2009(11)。
⑤ 刘晓静：《基于"课例研修"的中学信息技术教师教学研究能力发展研究》，硕士学位论文，河北师范大学，2015。

动态，甚至需要与理论研究者进行讨论、交流。

2. 制订研究计划的能力

研究计划是实施科学研究的前提。教育研究也是如此。制订研究计划是教育科学研究活动准备阶段的一项重要任务。研究计划就是研究活动之前预先拟订的具体内容和实施步骤，主要包括明确研究问题、研究内容、研究目的、研究意义、研究方法、任务分工、研究步骤、研究周期及预期研究成果等。[①] 通过研究计划的撰写，研究者可以明确"为什么做，做什么，怎么做"的问题。一线教师在制订研究计划的过程中，要结合一线工作中的具体情况，制订具有实践性、操作性和可行性的研究计划。

3. 实施研究计划的能力

实施研究计划的能力就是根据研究计划开展研究活动，收集研究数据，分析研究数据。在实施研究计划过程中，收集和分析研究资料的能力尤为重要。研究资料是指在研究过程中与研究问题、研究对象相关的各种信息、数据和证据。研究资料的收集就是根据确定的研究主题，按照研究计划要求，全面科学地归纳和筛选回答研究问题所需的素材。收集研究资料的主要途径包括：文献查阅、问卷调查、访谈调查、观察等，同时还要确保研究资料的准确、真实、有效。分析研究资料的能力就是指利用所收集到的研究资料来处理问题的能力。教师应该具备分辨、利用有价值的研究资料来回答研究问题、解决教育教学困惑的能力。

教师在研究计划实施过程中，要具备组织协调能力和随机应变的能力，要根据研究开展的实际情况做出调整，同时作好详细的调整说明及记录。尤其在开展行动研究过程中对于行动方案的调整要及时、严谨。[②]

4. 撰写和分享研究成果的能力

教师在展示研究成果时，要运用科学严密的逻辑及理性的学术思维来论证

---

①② 刘晓静：《基于"课例研修"的中学信息技术教师教学研究能力发展研究》，硕士学位论文，河北师范大学，2015。

主题，同时还要着重注意和描述有意义的教育教学活动细节，要归纳、整理观察到的和感受到的情境和氛围。此外，教师要科学分析研究过程及结果，揭示教育现象和事件背后的本质。一线教师可以采用多种形式分享其研究成果，包括研究论文、研究报告、教学反思、教学随笔、教学设计、教学案例、教学总结等。[①] 如果成果的撰写达到了一定的水平，分享则是水到渠成之事。分享的平台可以是面向一线教师的期刊、互联网平台、学校内部刊物等。

（三）教师的研究伦理素养

伦理（Ethics）来源于古希腊语"ethikos"，主要涉及什么是善、恶、应当、不应当、正当、不正当等规范问题。研究伦理是进行社会科学研究时要遵守的重要准则。随着科学研究的发展和人权意识的高涨，人们对研究参与者的权利和需求日益关注，研究伦理或研究道德，是西方学术界兴起的新趋势和新话题。具体来说，研究伦理是指尊重别人的成果，不抄袭、不剽窃、不弄虚作假，尊重研究对象，研究过程告知研究对象等。在以儿童为研究对象时，要征得儿童家长或监护人的同意并签署书面同意书。

美国贝尔蒙特报告明确提出研究伦理的三项重要内容。[②] 一是尊重个体，即保护个人自主权，在保证不对他人造成伤害的前提下，给予个体慎重考虑并做出选择的权利，且更加强调保护丧失或者部分丧失自主权的群体；二是仁爱，这意味着研究中尽量保证被试应得的福利，使可能产生的利益最大化，将可能造成的伤害最小化；三是公平，这代表着研究应基于人人平等的立场，且根据个人需要、努力、对社会的贡献及成绩决定其责任与利益分担。在此基础上，美国教育研究协会制定了教育研究伦理准则[③]以规范教育研究过程。其主

---

① 刘晓静：《基于"课例研修"的中学信息技术教师教学研究能力发展研究》，硕士学位论文，河北师范大学，2015.

② The Belmont Report，"Ethical Principles and Guidelines for the Protection of Human Subjects of Research，"http://ohsr. od. nih. gov/guidelines/belmont. html，2017-05-04.

③ American Educational Research Association，"Ethical standards of the American educational research association，"http://ethics. iit. edu/ecodes/node/3178，2017-06-21.

要内容包括：(1)研究者应向研究被试或者其法定监护人说明研究价值、研究目的、数据收集策略。研究被试或其法定代理人有权要求告知研究可能存在的风险及潜在后果，行使告知同意权，自主决定是否参与，除非职务或身份限制，否则研究被试有权随时退出研究。(2)研究被试有权使用匿名，研究者必须采取适当措施保护研究被试及相关资料，即使无法达到绝对机密，需告知研究被试保护限制以及可能产生的后果。对于二手资料，研究者应尊重并维持一手资料研究者所保护的机密。(3)教育研究者应对研究被试及机构表现真诚，除非有明确的科学需要，否则不得有欺骗行为。(4)教育研究者应及时了解研究被试当地机构政策或研究准则。(5)教育研究者需谨慎行事，不可因个人利益而剥削研究被试，也不应该利用个人影响力迫使下属、学生或者其他人参与研究。(6)在研究设计、完成研究报告过程中，教育研究者有责任顾及研究族群的文化、宗教、性别及其他重要的差异性。(7)教育研究者应时刻关注并将研究可能引起的负面效应降到最低。(8)教育研究者应关注机构活动的正当性，若发现可能存在的风险隐患，应向机构代表提出警示。[①]

    教育研究的对象必然包括人。人是有思想、有情感、有需要的，人同时也具有主观能动性，他们的一系列情况变化，如参与研究的意愿、对待研究的态度等，都会对研究产生一定的影响。[②] 教师的教育研究是在真实的生活情境中以个体的真实生活经验为基础进行的研究，具有极强的实践性。这种极强的实践性要求作为研究者的教师在真正的教育情境中，敏锐地把握情境特征，以一种移情的和对话的态度来处理自己与研究对象之间的关系，因而教育研究十分强调研究者和被研究者之间建立一种平等、信任的关系。总之，研究伦理在教育研究中应该受到格外的重视。[③]

---

① 杜丽姣、边霞：《美国教育研究伦理审查制度及启示》，载《教育科学》，2016，32(5)。

② 张玲：《教育科学研究中的伦理问题》，载《当代教育论坛(宏观教育研究)》，2007(5)。

③ 文雯：《英国教育研究伦理的规范和实践及对我国教育研究的启示》，载《外国教育研究》，2011(8)。

第三节　研究素养的提升策略

教师研究素养的提升是一项系统工程。宁虹、刘奇江认为，教师固守原有的教学习惯和缺乏完善的教学研究知识，不愿意主动开展教育教学研究，导致一些教师在研究中出现短板，面对研究无从下手。除此之外，政府和教育行政部门应该从制度上加以设计和完善，着力于教师研究素养的提升。

一、学校：创设良好的教育研究氛围，提升教师的研究素养

针对教师教学研究能力的提升，邓友超提出了三维针对性方式，分别是："对下"，与学生一起进行共同研究的教学方式；"对中"，大度地自我开放，在集体备课的基础上，建立研究共同体；"对上"，利用自身得出的教学研究结果进行教学实践。我们认为，学校应鼓励教师通过专业阅读、课题引领、案例反思、培养资源意识、在线研讨的方式，进一步增强进行教育科学研究的动机，提升教育科学研究的能力和素养。

(一)专业阅读

以阅读激发研究热情。教师的发展，离不开专业阅读，教师从专业阅读中获得的思想认识、方法策略一旦与实践经验有机结合，无疑能够提升教师解决问题的能力，形成教师的教育智慧。读书是手段，目的是提高执教能力。引导教师将阅读中产生的思想、观点、方法运用于实践，创造性地解决实际问题。[①] 朱永新指出，每一位教师，应该成为一位真正的读者。以专业的教师书目进行阶梯式阅读，不仅能够培养出知识结构全面的教师，还能让教师在阅读的过程中言传身教，成为一位阅读代言人，自觉或不自觉地成为一位阅读推广人。[②] 苏霍姆林斯基曾经指出："教师的职业是一门研究人的学问，要长期不

---

① 于士忠：《提高教师研究能力的几个途径》，载《中国教育报》，2012-05-10。
② 朱永新：《专业阅读造就幸福教师》，载《中国教育报》，2016-10-17。

断地深入人的复杂的精神世界"。关于人的学问,最主要的集中在心理学方面,与心理学关系十分密切的是脑科学与生理学。同时,教师也要阅读社会学、文化学、哲学、文学方面的文献,加深对人际关系、儿童发展、历史文化的理解。此外,为了丰富自身知识结构,提升研究素养,教师要长期阅读涉及学科、学生、教学的理论研究和实践研究文献。

(二)课题引领

很多教师想做课题研究,却因为疲于教学而没有精力;很多教师想做课题研究,却找不到方法和门道,甚至连选题思路都没有;很多教师想做课题研究,却不能坚持下来。但是做课题,做研究,对于老师而言,却甚为必要,它有利于教师的专业成长,有利于教师解决教育教学中的一些困惑。做课题研究主要是为了解决在教育、教学中发现的问题,遇到的困惑。这些问题包括教学实践的问题,学生行为习惯、道德表现的问题,学校教育的问题和学校管理模式的问题。

教师可以通过申报课题的方式,将现实问题提升为研究性课题,通过与理论研究者和同行进行合作,查找相关文献,了解国内外研究现状,对问题提出的背景和意义提出自己的观点,并通过对研究目标、内容、方法、步骤的设计,制定出具体并符合科学规范的解决问题的策略,最终达到解决问题的目的。课题研究往往存在不同的课题类型,包括校级课题、区县级课题、省级课题、国家级课题等。教师可以从承担校级课题入手,学习和体验教育科学研究的全过程,尝试解决在教育教学中面临的问题和困惑。

(三)案例反思

叶澜教授指出:"一个教师写一辈子教案不一定成为名师,如果一个教师坚持写三年反思有可能成为名师。"美国心理学家波斯纳提出了一个教师成长的简洁公式:教师成长=经验+反思。可见,教师的专业成长离不开反思,教学反思不仅是促进教师改进教学策略,还是不断提升自己教育教学水平和研究素养的好方法,更是教师自我成长的重要途径。

教育案例的素材,源于教育教学的真实情景,具有典型性、浓缩性和启发性的特点，不管是作为教师自身的学习材料，还是作为同伴共享的资源，都是非常有研究价值的材料。案例研究的过程是教师自我反思的过程。它可以促进教师间的交流与合作。案例反思，就是要通过典型事件的分析，透过现象探寻背后的本质规律，体现理性思考与现实分析的统一，这是理性的运用，也是经验的提升，有助于教师深化对教育本质的理解。[①]

(四)培养资源意识

教师要具备足够的资源意识，以丰富教育科学研究的素材，提升研究素养。第一，教学案例资源。教师在平时上课时要善于发现和积累一些比较典型的、有研究价值和意义的教学案例，还可收集并且分析记录其他优秀教师的教学案例，以便自己在做教学研究的时候有材料可用。教师还可经常查阅书刊以了解教学研究现状与亟待解决的教育问题等，也可记录自己在课堂中的点滴思考。第二，多媒体资源。教师开展教育研究，不可忽视对这一资源的运用。它能直观地、大容量地展示信息，收集教研相关资料，进行网上投递问卷，回收问卷，进行较为复杂的数据统计。教师恰当地利用多媒体教学资源，有助于自身的教育教学研究。第三，学生资源。教育教学研究是一个综合的过程，是教师和学生以及其他资源的互动过程。学生群体本身就是比较丰富的资源，他们有不同的家庭背景、个性特征、认识水平、生活经历等，这就使得教师的教育研究资源又具有了丰富性。[②]

(五)在线研讨

随着教育信息化的发展和在线交流平台的出现，在线学习、在线研讨已经成为教师专业发展的重要途径。互联网提供的全新人际互动交流方式，打破了时间和空间的限制，使教师可以通过网络开展同步或异步的交流，从而为构建在线教师学习共同体提供了理想的平台，有利于促进教师的主体性发展，提升

---

① 于士忠：《提高教师研究能力的几个途径》，载《中国教育报》，2012-05-10。
② 齐双爱：《发展小学英语教师教学研究能力的研究》，硕士学位论文，华中师范大学，2016。

教师实践性智慧，实现教师实践性知识共享，从而提高教师的教学效能，推动教师专业发展。[1] 建立在线研究共同体可以通过开展主题研讨、互动课例分析、即时式在线交流的方式，提升教师的研究素养。顾小清指出，在线的专业发展正以迅捷的速度扩展着，使人很难跟上它的发展速度。在线的教师专业发展项目包括在线课程、在线研讨会，特别是围绕特定目标所建立起来的在线学习者共同体。这些不同的专业发展机会，也正反映了技术所提供的两个支点作用：一是作为信息提供者，能随时随地提供资源链接；二是作为通信交流平台，为教师提供更广泛的空间和机会，为那些有着同样兴趣、带着相似问题的教师组成学习者共同体带来帮助。这一学习者共同体同在场的学习者共同体相比，范围更广，资源更广，学习的机会更多，观点和视角更丰富。[2] 佐藤学认为，创建"教师学习共同体"的目的在于借助教师"校本研修"合作研究体制的形成，使得每一个教师能够分享他人的教学经验，反思自身的教学行为，共同创造理想的教学模式。[3]

教师在线学习共同体有利于教师通过对教育教学的反思和研究，促进其学习，提升其教学理论水平的提高。教师在线学习共同体也有利于教师实践性知识共享，通过教学实践支持教师学习，促进教师教学实践能力的提高。在教学理论和教学实践的循环过程中形成的一种教师在线学习文化，可以为教师专业发展提供持续的动力。

二、教师：以教育行动研究提升研究素养

美国学者约翰·艾略特（John Elliott）认为，尽管斯腾豪斯鼓励教师成为研究者，但是他并不能解决教师专业发展和自主学习中的问题。因此，艾略特进

---

[1]　何济玲：《基于 Web2.0 的教师在线学习共同体的构建与运行机制研究》，载《中国教育信息化》，2014(10)。

[2]　顾小清：《教师专业发展：在线学习共同体的作用》，载《开放教育研究》，2003(2)。

[3]　钟启泉：《"课堂互动"研究：意蕴与课题》，载《教育研究》. 2010(10)。

一步提出，教师应该成为拥有更高研究能力的行动研究者。教师不应该把所谓的专家视为理所当然，而应该在自己的教学实践当中积极发现问题、提出假设、证明假设、给予评价。这样才能实现教师专业的发展。例如，《批判反思型教师 ABC》一书，通过丰富而有趣的具有启发性的实例展示了教师在行为研究中逐步走向批判反思和提高教师教育教学研究能力的旅程，书中每个部分的内容和建议都令读者看到了一个批判反思型教师不断学习和变化的过程。[①]

由于行动研究在发展过程中提出了一些不同于传统的教学意见，这些意见对传统教育教学方式和教师培训的方法与途径提出了挑战，所以，很多国家鼓励教师开展行动研究来提高自身的研究素养。

(一)何为教育行动研究

教育行动研究是指教师(作为行动者)有计划、有步骤地对教育教学实践中产生的问题边研究边行动，以解决实际问题、提升教育教学成就为目的的一种教育研究活动。为了进一步理解教育行动研究的本质，需要厘清教育行动研究的实施者、目的、过程、方法、成果等。第一，教育行动研究中的教师是行动者。在学校教育场域中的行动研究，其实施者和研究主体必定是依然活跃在实践前沿的教师。第二，行动研究旨在改善行动。教育行动研究的目的是改进教育教学实践，提升教育教学效率，促进学生的学习与发展。第三，行动研究主张参与性。参与性表现在教师作为研究者全程参与。通过参与，提升实践行动力。第四，行动研究的方法具有多元性。从方法学范畴来讲，行动研究本身不属于一种研究方法，而是一种上位的方法论概念。在收集研究数据的过程中，行动研究主张采用多元、混合的方法，收集全方位、全过程的资料。行动研究可以采用的具体研究方法如下：问卷调查法，访谈调查法，观察法，文本分析法，叙事探究法等。例如，教师可以通过问卷调查，了解学生在行动前后的学习态度及其变化。第五，行动研究的成果具有实践性。实践性表现在三个方

---

① 薛家苗：《高中地理教师教学研究能力现状与策略研究——以江苏省为例》，硕士学位论文，华中师范大学，2016。

面：一是研究成果为实践所用，这是行动研究最核心的特征；二是研究成果的形式可以是案例、课例等；三是研究成果可以在实践类期刊发表。①

行动研究选题举例：

◇ 提升小学中高年级自主阅读能力的行动研究

◇ 培养小学中高年级学生阅读习惯的行动研究

◇ 英语教材整合与教学的行动研究

◇ 建构师生关系提升班级凝聚力的行动研究

◇ 初中思想品德课堂教学整合社会时政热点的行动研究

◇ 中学生语文小组合作学习指导策略构建的行动研究

◇ 基于学生发展需求的英语课型构建的行动研究

◇ 中学思想政治课育人方式的行动研究

以上选题是近年笔者在与一线教师沟通过程中指导过的行动研究选题。这些选题在一定程度上符合行动研究的本质：教师作为行动者，为了改善行动，在教育教学实践中采取一些创新策略，并检验策略的效果。

总之，行动研究主张以科学的方法研究行动者自己的问题，研究者通常是学校教育实践工作者，包括行政人员、教师、班主任等。其研究的目的在于此时此地的实践和应用，而不是宏大理论的建构和发展。更通俗地讲，行动研究是行动者在行动（实践）中，为了改进行动所采取的行动（教育教学）与研究相结合的一种教育研究实践活动。行动研究要求教师在教学教育的过程中，对自己的教育教学理念、方法及由此所产生的教育教学效果进行反思。教师在反思中重新审视自己的教育教学观念，探讨、研究和改进教育教学方法，就可以进一步提高教育教学效果。

（二）教师为何做行动研究

众所周知，"教师成为研究者"和"反思型实践者"的理念已经成为引领全球教师专业发展的引力器。任何一位教师都无法回避这一现实，无法逆历史的潮

---

① 桑国元：《班主任行动研究的路与思》，载《班主任》，2017(7)。引用时略有改动。

流而行，无法不借助研究和反思的力量去提升教育教学的质量。行动研究能促进教师反思，使教师发展新知识，扩展教学策略，使教师获得专业自主。[①]

第一，调查研究学生情况。每一位学生是独立的个体，每一个班级是独立的集体，教师要去深入、全面研究学生，以应对不同学生的个性化教育和学习发展需求。第二，指导学生全面发展。教师应该超越对于学生的管理和控制，聚焦学生的全面发展。学生发展是学校教育的永恒主题，也是教师工作的永恒主题。教师在指导学生发展的过程中，可以借助行动研究，收集学生发展的"证据"，检验学生发展的效果。第三，关注学困生的成长。纵观由一线教师开展的行动研究，不难发现，诸多研究关注了学困生（后进生）的成长。教师也应该对班级中的学困生加以特别关注、呵护和帮助。例如，可以通过构建"三位一体"关爱体系，使家庭、学校和班级合力为学困生创建安全的学习和生活环境，帮助他们变被动学习为主动发展，变消极抵制为积极适应。第四，创新班级管理方式。行动研究最核心的特征是变革和创新。在日常工作中，教师应该通过理论学习、汲取共同体资源、自我反思等方式，发现创新班级管理的新举措，提升班级管理的效率。而新的举措是否有效，则需要靠行动研究来检验和修正。[②]

案例

一位初中语文教师针对作文教学中的困惑，进行了为期三年的初中作文训练指导方法与技巧的探索，取得了较为明显的效果。本研究实施之初，她所教的班级为七年级新生班。经过一段时间的观察与了解，她发现语文教学中作文教学存在的问题最大：学生害怕作文，写作时思路不够开阔，常常找不到词汇表达自己的意思，作文的篇幅短、容量小，容易出现辞藻堆砌，结构和句式变化不多，缺乏创意，不能表达自己的见解，而且不会修改作文。针对这些问

---

① Sikula John, Buttery Thomas, & Guytong Edith, *Handbook of Research on Teacher Education*, New York, Macmillan, 1996, pp. 53-64.

② 桑国元：《班主任行动研究的路与思》，载《班主任》，2017(7)。

题，教师提出了四步作文修改法：（1）复习写作基础知识，回忆作文训练目标和作文指导要点；（2）习作展示；（3）学生讨论，指导优点，并提出修改意见；（4）作文修改。通过长期实践和创新，学生的写作能力得到了较大程度提升。

资料来源：李萍：《初中作文教学之行动研究》，载《当代教育科学》，2001（zl）。

对于教师而言，行动研究的目的是促进学生发展，创新班级管理模式，提升班级管理效率。总之，行动研究能够帮助教师提升工作的成就感和职业幸福感。

（三）教师如何做行动研究

作为一种科研理念、研究类型和研究方法论，行动研究在程序上遵循如下六大步骤：识别问题、计划研究、收集数据、分析数据、反思问题、分享成果。这六个步骤可以用图 7-1 加以直观表达。六个步骤之后，行动者往往再次回到起点，识别新的问题，开启新一轮行动研究，从而使行动研究的整个过程构成一个不断上升的螺旋过程。

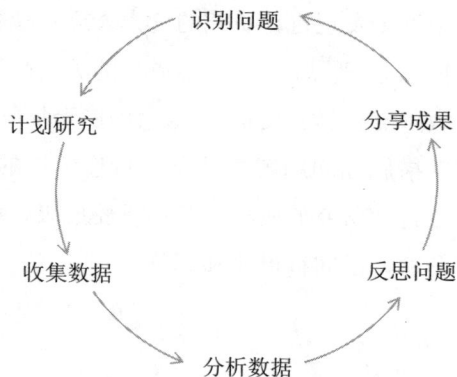

图 7-1 行动研究流程图

此外，教师在开展行动研究的过程中，需要具备如下六大意识。第一，问题意识。行动研究始于问题，终于问题。没有问题意识的行动研究，无法称之为真正的研究。而且，行动研究中的问题，一定是在日常教育教学中使教师感到困惑的问题，一定是能够通过设计研究"蓝图"，采取改进措施得以解决的问题，一定是值得教师和班级学生一起共同解决的问题。第二，合作意识。在行动研究中，合作意识也可以反映为资源意识。教师要整合学生家长资源、网络资源、专家资源、社区资源、学生资源等，为行动研究的设计、实施、总结和分享注入新的活力。尤为重要的是，由于教师往往缺乏行动研究方法和策略的基本训练，因此需要借助教育研究专家的力量，尽可能保证行动研究的规范性和严谨性。第三，证据和方法意识。一线教师在开展教育教学研究的过程中，往往缺乏证据（数据）意识，不清楚应该收集哪些证据，以及如何收集（方法意识）。我们以学生行为规范为例来说明应该收集哪些证据。在行动研究前，教师应该通过发放关于行为规范的家长问卷、学生问卷等，收集现状性数据。在行动研究实施过程中，应该通过观察等方法对班级学生行为规范的不同表现加以质性和量化的记录。在行动研究告一段落后，可以再次发放家长问卷、学生问卷，并且结合对学生、家长、科任教师的访谈，收集结果性数据。第四，过程意识。行动研究重在过程，在过程中促进研究对象的发展和变化，提升教育教学实践的改进。因此，研究者不应急于结束研究，更不应急于得出有效的结论，而要在研究过程中逐步发现行动研究的魅力，逐步观察学生在不同方面的发展和变化。第五，反思意识。反思是教师成长的关键路径。为了保证班级管理目标的有效达成，教师需要具备反思意识。而在行动研究过程中，教师也应该主动地对自己的行动措施和问题解决效果进行连续性的省察、反馈、调节。第六，成果意识。对于行动研究的典型经验和重要成果，应该在网络平台、实践类期刊加以发表和分享，供同行借鉴和评价。

案例

　　班主任是班级心理健康教育活动的组织者与指导者。在了解班级学生心理健状况的基础上，制订班级心理健康教育行动计划，实施行动并评估效果。行动措施包括：开展丰富多彩的班级文体活动，组织系列主题班会。在课堂教学中渗透心理健康知识，对个别学生进行心理辅导，向家长宣传心理健康知识等。经过 4 个月的心理健康教育活动，班级学生心理健康有一定程度的提高。

资料来源：郭文文：《初中班主任开展心理健康教育的行动研究》，硕士学位论文，曲阜师范大学，2014。

该案例简明扼要地总结了行动研究的全过程：问题，计划，行动，评估。在班级管理实践中，无数教师在重复行动研究的全过程。唯一美中不足的是，教师往往缺乏数据意识和研究意识，不懂得如何在创新教育教学实践过程中收集数据，不懂得如何将创新活动变成一种研究活动，使教育教学活动和行动研究合为一体。

早在 20 世纪初，美国心理学家勒温便提出了"没有无行动的研究，也没有无研究的行动"这一思想，强调行动与研究间的密切联系。作为处于教育教学活动中的教师，不应该将研究拒之门外，而应尝试将行动和研究有机结合，从行动研究中发现教育教学的奥妙，寻找教育教学的灵感。

教师是教育科研的主力军，从事教育科研是每一位教师分内的工作；仅仅会教课而不会教育研究的教师，不是新时期的合格教师。[1] 新课程呼唤专家型教师，专家型教师首先要具有教育科研素养与能力。教学不是克隆，不是复制，而是创造性的劳动，在这之中，教师不但要知其然，更要知其所以然。在教育教学中，没有一成不变、拿来就可以照搬享用的模式，这就需要教师因班制宜、因材施教。[2] 教师每时每刻都感受着鲜活的、充满动态与生命的课堂，在这一点上教师具有他人无法取代的得天独厚的优势。因此，教育教学的真理掌握在广大一线教师手里，只有广大教师投入教育教学研究中，教育科研才能有源头活水，才能生机勃勃。

---

[1] 雷超阳：《浅议教师教育科研能力的培养》，载《长沙通信职业技术学院学报》，2004(03)。

[2] 古丽萍、李森：《教师教育研究能力现状调查与对策研究——以乐山市中区小学教师为例》，载《基础教育》，2009(11)。

第八章　自主发展素养

第一节　终身学习能力

一、教师的职业特点决定了教师需要终身学习

知识是教师的从业基础。在教育活动中，教师要为知识的需求者提供学习指导，以自己的知识才智作基础进行创造性的知识传授工作。而要使人们的知识不断丰富、不断更新，教师单靠自己受教育阶段所学的东西是根本无法胜任工作的，因为教师同样不能避免知识老化、观念陈旧的问题。解决这一问题的最好方法就是通过持续不断地学习来更新和充实自己。

我国自古就有终身学习的意识和教诲。《论语·述尔》有云："发愤忘食，乐以忘忧，不知老之将至。"《孟子》记载："昔者子贡问于孔子曰：'夫子圣矣乎？'孔子曰：'圣则吾不能，我学不厌，而教不倦也。'"所以，我们要继承先贤的优良传统，保持一个虚心向学的心态，同时也给学生树立终身学习的榜样。

教师的职业特点需要教师拥有终身学习的能力。"学高为师，身正为范"，"学高"和"身正"是教师执业的资本。想要教给学生一杯水，教师就要备足一桶水，这是千百年来社会和家长的共识。随着教学技术的更新和教学方式的改变，社会对教师的要求也越来越高，这就要求教师学为人先，与时俱进，生命不息，学习不止，做适应时代要求的学习型教师。教师的教学并非单纯为了进

行知识的传递，而是以知识传递为手段来培养能够服务社会、具有持续发展能力的人，因此，教师要把教学重点放在让学生掌握本学科的基础理论和思想教育上，并且学会分析问题和独立思考。

教育创新和时代发展需要教师保持终身学习的态度和能力。创新是一个民族的灵魂，是一个民族的希望。教师只有具备创新精神和创新意识，才能培养学生的创新能力；教师只有自身具备学习能力，才能教会学生如何学习。教师的创新能力需要终生培养、不断提高，教师的创新动机需要终生激励，而无论是创新能力还是创新动机都应归于教师的终身学习。

总之，一名现代教师应同时具备双重身份：既是教师，又是学生。教师为"育人"终身学习，教师的学习不是一般的学习，而是基于一个教育者的学习，教师的最终追求是育好人，为"育人"而学习是教师的天职。

二、制定职业规划，注入学习动力

(一)明确职业定位，强化学习态度

朱永新说："勤于学习，充实自我，这是成为一名优秀教师的基础。一个有理想的教师，一个要成为大家的教师，一个想成为教育家的教师，他必须从最基础的做起，扎扎实实多读一些书。"这段话指出了成为一名优秀教师的必要条件，教师的职业定位决定了自身的职业态度，职业态度又决定了行为方式。所以一个教师愿不愿持续学习，有没有保持终身学习的习惯，其实是和一个人的职业定位和职业规划息息相关的。

(二)合理规划，体验职业幸福感，提升学习动力

有规划的人生叫航行，没规划的人生叫流浪。"不谋万事者，不足谋一时；不谋全局者，不足谋一域。"成功的职业生涯无不从成功的目标定位开始。一名优秀的教师也是这样一路走来的。英国哲学家休谟说："一切人类努力的伟大目标在于获得幸福。"在休谟看来，追求幸福是人类社会的永恒主题。在罗曼·罗兰看来，创造或者酝酿未来的创造，这是一种必要性，幸福只能存在于这种必要性得到满足的时候。由此看来，教师的工作只有具有了创造性，摆脱了简

单重复的单一的说教，才具有独特的价值，也才有了获得幸福的可能。当一个人不断获得职业幸福感的时候，他就会萌生学习动力，也就更愿意为这项事业付出，更愿意去探索。

(三)设定目标，提高成就感，促进学习

1953 年，耶鲁大学对即将毕业的大学生做了一项调查：所调查的大学生中，只有 3％的人有人生目标并写成了文字，97％的学生基本上没有明确的目标。20 年后的 1973 年，研究者追踪所有参加过问卷调查的学生的现状，结论使人十分吃惊，3％的人拥有财富的总和比 97％的人的财富总和还多得多。可见，目标对人的发展非常重要。对于刚刚走上讲台的教师而言，规划自己的职业生涯是非常重要的任务。

人生为经，规划为纬，经纬交织，成就人生美好蓝图；人生为车，规划为路标，指引着方向。设计个人职业规划，体现教师个体的生命意义，要根据自身的情况确立明确目标。

如何制订教师职业生涯目标呢？有学者提出了五条标准：(1)这个目标是自己认真选择的；(2)对每种被选择的结果，在选择时都曾一一不漏地做过评估；(3)你为自己的选择结果感到骄傲，并充满信心，且愿意公开；(4)愿承诺并付诸行动来完成自己的选择结果；(5)它适合自己的整个生活模式，符合自己的价值观。我们认为，这五条标准同样适合教师职业生涯目标的制订。

三、根据职业发展的阶段性特征，采取合理的学习策略

教师职业发展的阶段理论有很多，综合相关理论，根据教师发展的一般规律，我们把教师职业发展分为适应期、成长期、成熟期、高原期、超越期五个阶段，并总结了各阶段教师出现的特征、问题和相应的应对策略。

(一)适应期

这个阶段的时间一般为 1～3 年。新教师刚刚经历了人生的一次重大角色转变：从学生成为教师。

职业特征：十年寒窗苦读终于获得了社会的认可，开始了一段崭新生活。

蓝天、白云、校园、学生，一切都充满了浪漫的诗意。

存在问题：职业信心不足，职业意识和职业精神有待加强。

学习策略：向身边的优秀教师学习。这些老教师往往有丰富的教学经验和理论素养，能够帮新教师解除困惑、指点不足。同时，新教师也可以阅读一些有关教育教学技能的书籍，尽快提高自身的教学素养。

(二)成长期

又叫"中级职称期"，该阶段的教师一般拥有 4～10 年的教龄。

职业特征：在此阶段，年轻的教师已经熟悉了校园里的生活，对教师生活既有困惑，更有勇于做好教学工作的激情。

存在问题：处在成长期的教师的负担比较重，一方面，他们需要在学校处理繁重的教育教学工作，虽然比较重视学生成绩的提高和管理技巧的形成，但没有总结出相应的规律。有时做得很好，但说不出原因，知其然不知所以然，急需寻找发展的突破口。另一方面，这个时期也是建立个人小家庭时期，一些教师有了自己的孩子，需要付出部分精力。

学习策略：阅读一些教育理论书籍，提高自己的软实力。在教学工作中勤于学习，主动接受新的教育思想，更新教育观念，并在教学实践中进行创造性地运用。"独行快，众行远"，加入团队，借力发展。管理大师德鲁克曾说过："组织(团队)的目的，在于促使平凡的人，可以做出不平凡的事。"目前，教师团队的组成形式比较灵活，可以在校内组成教研组、学科组，也可以跨校根据课题或研究方向组合成团队或名师工作室。另外，网络在教研活动中也扮演着越来越重要的角色，有共同志向的教师可以在 QQ 群或论坛中共同研讨，共同进步。

(三)成熟期

又称"高级职称"时期，这个阶段的教师大致已经工作了 10～20 年。这一时期的教师已经适应教师角色，能够顺利完成教学任务，也能在各个教育活动中发挥自己的引领作用。

职业特征：一般来说，成熟期的教师心理状态比较稳定，且已经掌握了一定的教育理论并能自如地应用到教学中，对学生的心理需求、行为规律、学习规律了解较多，能很好地胜任教师工作。

存在问题：由于能够胜任工作，这个阶段的教师经常能得到学校领导、同事、学生、家长的认可和肯定，从而容易满足，不愿意再接受新的思想、新的知识，不思进取。有的教师在备课、上课方面，可能不再花费很多精力，因此可能导致进步速度放缓。成熟期的教师在以往的工作中形成了自己的一套思维方式和工作方式，这种固有模式的好处是可以节约时间，提高效率。但是任何方式和模式一旦僵化，就容易成为制约创新进步的桎梏。

学习策略：保持工作的热情，实现专业化学习与研究。朱永新说："一个理想的教师，他应该是个天生不安分、会做梦的教师。教育的每一天都是新的，每一天的内涵与主题都不同，只有具有强烈的冲动、愿望、使命感、责任感，才能够提出问题，才会自找'麻烦'，也才能拥有诗意的教育生活。"显然，一个有着职业尊严的教师不能因已取得的一些成绩停止自己前进的步伐。这个时期的教师最适合从事课题研究工作，促进自身的专业化发展。

（四）高原期

教师出现高原期的时间因人而异，但相比较而言入职在 15～30 年，已经取得高级职称的教师，更容易进入"职业高原区"。教师专业发展的高原期通常持续 8～10 年。1977 年，美国职业心理学家弗伦斯（Ference）提出了"职业高原"的概念。他认为："职业高原是指在职业生涯中的某个阶段，个人获得进一步晋升的可能性很小。在这个阶段，个体的职业生涯进入一个相当长时期无法提升的状态"。

职业特征：感觉工作和生活单调重复而且非常忙碌。缺少工作的激情，缺少探索研究的欲望，对教师职业的意义产生怀疑。教学工作的完成，更多依赖原有的经验，不愿以批判和否定的目光看待原来的教学经验。对新事物的敏感度降低，学习能力有所降低，专业成长放缓或停滞。

存在问题：处在职业高原期的教师因常伴有挫折感和失败感而容易在体力上感到疲惫，精神上感到迷茫，对职业和生活的满意度和幸福感也降低。若不采取适当的措施，他们很难走出高原期。

学习策略：确立新的努力目标，提高对自己的期望值。想让自己走出职业高原期，在专业发展上有一个新的飞跃，不是躲避问题，而是给自己设立一个新的远大的目标，把克服职业高原期中所出现的种种不良反应当作一个小的目标。当一个人充满学习的激情、进取的精神、旺盛的求知欲和强烈的成就意识时，他所面临的种种困难就都可以克服。

（五）超越期

处于职业超越期的教师一般拥有 20～30 年的工龄，年龄在 40～55 岁。要对进入该阶段的教师表示祝贺，不是每个教师都能达到这个阶段。

职业特征：人至中年，这个阶段的教师有丰富的经验积累、个性化的教学风格、强烈的成就意识和积极的进取精神，教育思想不断升华。他们由关注自身的生存到关注课堂、关注学生，再到关注生命。他们不再满足于上好一堂课或者写几篇论文，内心深处常涌动着一种创造的冲动和开拓的渴望。他们以研究的眼光看待教学事件，以愉悦的心态对待备课、上课、考试、处理班级事务等，以超越自己为目标，勇于迎接新的挑战。

存在问题：选准超越的方向。同样处于超越期，超越的方向还是有所不同的。是成为"创新"型的专家（如一般的中学特级教师），还是成为"领军"的专家型教师（如学校的学科带头人、一些参与教改的专家等），或是成为"大师"级的专家型教师（如陶行知、苏霍姆林斯基等人），具体要根据个人情况选择适合自己发展的类型。

学习策略：修炼教育智慧，升华教育境界。教育是一项点拨心灵、引导心灵成长的工作。教师需要有教育智慧，也需要有一些灵气。苏霍姆林斯基曾经这样讲过："如果教师的智力生活是停滞的、贫乏的，在他身上产生了一种称之为'不尊重思想'的征兆，那么，这一切就会明显地在教学教育工作中反映出来。"叶澜也曾说过："一个墨守成规的教师对于学生创造力的发展无疑是一种近乎灾难的障碍。"要做到有教育智慧，有自己的思想，教师要多读书。特级教师李吉林把小学当作大学，利用一切业余时间读书。孙双金老师为了提高自己的文化底蕴和语言的魅力，每日晨读。扬州市梅岭中学的王力耕校长回顾自己从教三十几年的经历时感慨地说，如果说取得了一定的成绩，除了本着"做事是机会，奉献是积累"的基本信念之外，还有就是勤于学习，唯有不断地学习，才能跟上形势，才能与时俱进。

四、终身学习的途径与方法

古人云，"读万卷书，行万里路"，"纸上得来终觉浅，绝知此事要躬行"。当今时代，教师投身学习的途径可谓多种多样。

(一)向书本学习

朱永新说："一个人的精神发育史，从本质上说就是一个人的阅读史；而一个民族的精神境界，在很大程度上取决于它的每个个体的阅读水平。"教师的成长始于阅读，优秀教师是读出来的，阅读应当成为教师的一种生活方式，一种价值追求。

阅读政策法规，准确把握教育发展方向。阅读教育文献，提升教育理论素养。阅读古今中外教育经典名著，以及一些权威杂志会提升教师自身的教育理论素养，会让教师从更高更宽的视野看待教育以及学生的发展。阅读专业著作，更新知识结构，让教师成为学生吸收知识的活水而不是死水。阅读百科书刊，提升教育综合素养，满足学生全面发展的需要。

(二)向专家名师学习

心理学认为：按照成功者的模式去学习、工作，你也可以获得同样的成功。任何一个名师的成长都是有一定规律的，教师可以通过学习名师的专业成长历程，比如学习名师如何克服职业倦怠、如何突破高原现象、如何制订职业规划等，来促进自身的专业发展。

(三)同伴互助学习

互联网时代特别强调学习共同体的建设，志趣相投的教师可以借助互联网来组建一些学习交流群，定期研讨相关问题，共同阅读相关教育专著，分享学习心得，这样的模式会让一个人在专业发展的道路上走得更远。

(四)亲临现场学习

俗话说"百闻不如一见"，如果条件允许，教师最好尽量亲临教育现场进行观摩学习，这是看书、听解释、看视频等方式不能比拟的。年轻的教师更要多听名师的课，多参加一些高水平论坛和专家的讲座，这有利于自己快速提升专业水平。

(五)外出游历学习

读万卷书，行万里路，这是我国自古推崇的学习模式。与其他职业相比，教师有一个天然的时间优势——寒暑假，再加上周末的时间，教师可以根据自己的条件游览名胜古迹，去人文色彩比较浓厚的地方走走，提升自己的精神境界。

第二节　合作与交往能力

一、合作与交往能力之一：沟通能力

合作与交往是人基本的生活能力，也是教师的基本职业素养。合作与交往能力往往表现为一个人的沟通能力，所以下面就重点谈谈沟通能力。

很多教师以为和学生进行语言对话就是沟通，这是对沟通的误解，这不是有效沟通。很多时候，教师和学生的对话只是单向表述，教师试图用自己的想法、观念来改变学生，忽视了学生的理解状态；还有一种情况是沟通的内容是对行为、事件的解释，这也不是有效沟通，甚至可能导致越解释越复杂。为了真正理解有效沟通，我们结合一个案例来呈现沟通的几个层次。

当班主任与任课老师发生碰撞

镇江市江滨中学　张建美

自从班里换了英语老师后，英语课的纪律一直不太好，我也一直觉得奇怪，班里其他课，甚至连所谓的小学科如政治课，纪律都较好，为什么英语课的纪律就成了问题呢？难道仅仅因为这是普通班，学生英语基础差，英语课上听不懂就忍不住偷偷摸摸讲话？但是前任英语老师把课堂纪律管理得很好，从不用我烦神。多次巡视后发现，很多学生根本不是偷偷摸摸讲话，而是光明正大地讲，当他们看到我时就瞬间安静下来。我为此批评过学生，惩罚过他们，也和他们讲过道理，他们也表示保证遵守纪律，可是我一去就安静，一走就闹腾。我不由得有些埋怨英语老师，好歹也一把年纪了，班主任也当过很多次了，在我坚决地做她的后盾的情况下，为什么课堂纪律还是管不下来呢？

这不，英语早读课已经上了十分钟了，我在教室隔壁的办公室都能听到杂乱的声音此起彼伏，读书声却迟迟没有出现。我终于坐不住了，起身走到教室，发现班里绝大多数学生正在边闲聊边看笑话似地"欣赏"着英语老师当众批评两名站在讲台前的同学。稍听会儿，我就知道原来是这两名学生又没做英语家庭作业。英语老师的语言有些冲，有些不管不顾的样子。我皱了下眉，走到英语老师身边，轻声地委婉地对英语老师说："于老师，这两名学生课后再处理吧，下面这么多学生在看着呢。"没想到我自以为委婉的话语却让英语老师发了飙："这两名学生总不做作业，我不应该及时处理吗？课后，我没时间再来处理！"我有点儿不舒服了，声音冷硬下来："可是这样侵犯了其他学生的权利，浪费了他们的时间。"我的话更刺激了英语老师，她以更冷的声音说："我的课堂我做主，我有权利决定怎么做，不用你来说！"我也有些怒火上涌了，撂下一句话走出了教室："班主任有义务协调师生之间的这种状况！"坐在办公室良久，我心里仍然很不是滋味。

早读课结束，英语老师捧着作业本走进我的办公室，来找我谈话。她在几次要求我听她讲完的情况下，长篇阐述了她的观点，即她的课堂她做主，我无权干涉她的课堂！在她阐述完毕，当我发表自己与她大相径庭的观点时，她又忍不住接连反驳我的话。我觉得很无味，伸手做了个请离开的姿势，请她离去，说我们两人的观点完全不合，没必要谈下去。她气冲冲地再次重申了"她的课堂她做主"的观点，又要求我做好班主任的工作，把班带好，少对她指手画脚。我则说："行，有本事你把课堂管好，不用我烦神就行！"两人不欢而散，自此开始冷脸相对，不相言语。

（一）"发生了什么"对话

这是最表层的沟通，往往是针对行为或事件的表象进行交流。事实不等于真相，每个人对行为或事件的理解往往会赋予自己的主观认识。因此，绝大多数高难度谈话往往都伴随着不和与争议，而分歧的焦点无非是发生了什么事情，谁说了什么，谁又做了什么，谁是对的，谁想怎样，而谁又应当承担责任等。这个层面的沟通在潜意识里隐含了一个信息：我是正确的，错的是你。原因是大家容易把事实真相经过自己的思维加工形成事实真相的假设，而当我们理直气壮地说出自己的观点并为此而争辩的时候，我们往往不会证实这一假设的真实性。案例中的两位教师都是站在自己的立场上对行为和事实做出自己的评判，这样的对话模式，就是典型的浅层对话，这个层面的对话往往会陷入"公说公有理，婆说婆有理"的怪圈，甚至可能由辩解发展到争吵。看看两位教师的交流过程，这哪是沟通，而是在不断地升级矛盾。遗憾的是，类似的沟通模式大量存在于我们的教育和生活中，这需要每一位教师深入思考。

造成越沟通矛盾越升级的一个主因就是我们的大脑会主动"创造意图"。我们往往会对对方说了什么产生意图猜想并认为这个猜想是对的。我们总是想当然地认为自己很清楚对方的意图，可是事实却并非如此。更糟糕的是，当我们不确定对方的意图时，我们往往会武断地将它们归为不良意图的范畴。所谓的对方的意图不过是我们自己编造出来的假设，我们才是这一意图的缔造者。这值得每一个人进行反思，每一个人都可以回忆一下自己曾经的沟通有没有这种现象。

案例中，班主任把英语教师和学生交流的情境进行了主观判断，认为这样做是不对的，自己需要发挥班主任的协调作用；英语老师则把班主任的委婉提醒认为是干涉自己的教育自由，是对自己的不尊重。出现这种情况的时候，我们该如何化解呢？方法很多，常用的方法就是明确询问对方的意图。

沟通要坦诚。当可能产生误解的时候，我们不如直接询问，这样远远好于自己乱猜。出现了问题，总喜欢猜疑，甚至以一种高高在上的姿态去挑剔别人，容易激化矛盾，而且事实往往和自己所想的正好相反。人一旦迷信自己的主观判断，就会努力找出相关的事实来论证自己的判断。这个时候最容易做出错误的决定并且坚持自己的决定。所以，在没有准确明白对方的意图之前，我们不要因为猜测而做出判断，可以询问对方真正的意图以避免发生误会。值得注意的是，人的神态和肢体语言，包括说话的音调等，都会比语言的内容更真实。例如案例中，班主任说是委婉提醒，但之前明显有一个皱眉的神态，当说的内容和肢体语言严重冲突的时候，对方更容易受肢体语言的影响，所以，英语教师是无法感受到班主任的善意和友好的，所谓的委婉也就是一种顾及情面的表面文章。

（二）情绪对话

高难度对话其实并不仅仅与发生了什么有关，还与我们的情绪有关。当我们任由情绪控制的时候，理智就失去了阵地，我们往往会口不择言，甚至做出一些不理智的行为。在高强度情绪下，沟通是低效的，甚至是负面的。案例中两位教师从争辩到争吵，再到不欢而散甚至冷脸相对，整个过程都是被情绪控制着。

人是具有情绪的高级动物，不可能在任何情况下都平静似水。所以我们关注的重点并不在于我们是否会产生强烈的情绪，而在于当情绪产生时我们应当如何对待它。当强烈的情绪产生时，一般人是选择尽量控制情绪，让自己保持理性。这一建议看似理智实则不然，因为情绪对话本身就是沟通的一部分。

过于控制情绪、长期积压情绪对自己的身心不利，并且控制情绪并不代表情绪不存在，它还是会在潜意识里控制自己。那么如何处理情绪才恰当呢？这里就需要厘清情绪与情绪化，这是两个截然不同的概念。情绪化是被情绪控制了的行为表现，我们需要控制的是情绪化，而不是情绪。因此，当我们感觉受伤害的时候，可以直接表达自己的情绪，而不是情绪化地开展自己的对话。对自己的情绪描述得越具体越好，这既抒发了自己的情绪，也容易得到对方的理解，有助于沟通。

当教师看到学生让自己生气的行为时，可以毫不掩饰地向学生描述教师的情绪。等教师描述完之后，学生往往会自己改正，而不再需要教师讲太多的道理。教师说得越具体，学生感受越深，效果越好。

当看到对方处在情绪状态里时，我们可以先接纳对方的情绪，然后再针对问题进行交流。例如，案例中的班主任可以这样对英语老师说："对不起，我们班的学生又惹你生气了。你先照顾一下班级，这两个学生交给我处理。有什么其他问题，我们找个时间好好交流，毕竟都是为了学生好。"一个人的情绪被接纳和认可后，他的情绪就会慢慢平稳下来，理性就会回归，处理问题就会更高效。

（三）自我认知对话

自我认知对话就是我对自己说了哪些关于我自己的话。案例中两位教师的争吵就都存在这样的自我认知对话："班主任不尊重我（英语老师）的地位和权利，我要维护我的尊严。""英语老师不支持班主任的工作，甚至看不起班主任，这会影响班级成，也会影响大家对我（班主任）的评价"。

自我认知对话是最深层次的对话，很多时候对话者自己都意识不到。不良的自我认知对话往往会让自己内心感到很受伤。一个人内心深处一旦有了这样的对话，就会激化情绪，不断地强调自己行为的合理性，沟通也就会越来越难。争辩只会让人们远离对方，而无法拉近彼此之间的心理距离。缺乏谅解的争辩毫无说服力，并且制约改变的发生。

自我认知对话产生的根本原因就是自我认可度不够，或者自信心缺乏。所以，我们要经常对自己的这种内在对话进行觉察，然后提升自己的实力，找回自信，关注效果，很多问题就可能得到自我解决。

当我们认清沟通中存在的三个层面后，我们就可以在教育沟通中有意识地进行自我觉察，看看在哪个层面上出现了理解偏差，从而不断提升自身的沟通水平。下面是一篇针对该案例而写的评论，附在下面供大家参考。

莫让成见遮望眼

李进成

案例中矛盾的焦点好像是对违纪学生处理的方法差异，其实根本的问题应该是日常情绪累积的集中爆发，该事件只不过是点燃双方不良情绪的导火索。这种不良情绪使彼此形成了一份"成见"，这份成见又左右了对对方行为的判断。

张老师对英语老师最大的成见就是"缺乏能力"。班级纪律差与普通班的学生英语基础差无关，因为"前任英语老师的课堂纪律管理得好好的，从不用我烦神"，所以是现任英语老师能力差。"多次的巡视发现，很多学生根本不是偷偷摸摸在讲话，而是在光明正大地讲"，这说明英语老师缺乏责任心，所以"我不由得有些埋怨英语老师，好歹也一小把年纪了，班主任也当过很多次了，在我坚决地做她的后盾的情况下，为什么课堂纪律还是管不下来呢?"于是这份成见就在内心深处不断生长，等待爆发的那一天。成见的感觉是会传递的，英语老师肯定也会感觉出班主任对她的不满意，于是双方的误会和不满的情绪也就越来越多。

造成双方出现误会、产生成见的一个重要因素就是双方的价值观不同，这个不同就会让双方对事物的认知产生差距。价值观差异是沟通的最大障碍之一，当价值观不一样的时候，很多人就会犯一种错误，就是要求别人来接受自己的价值观，要求别人来符合他的规则，而为了让别人符合他的规则，甚至会通过指责对方的错误来证明自己是对的。案例中，一个认为"我的课堂我做主，我有权利决定怎么做，不用你来说"，一个认为班主任有义务协调师生之间的这种状况，双方各执一词，都认为自己是对的，于是都感觉理直气壮，同时又都想说服对方接受自己的观点。当对方不接受自己的观点时，个体情绪就会变得急躁、生气、冲动，这样的沟通只能让矛盾越来越深。

　　双方对沟通的理解也有差错，表达自己的观点并不代表着沟通，这只不过是在强调自己是有道理的，这样的强调和解释等于间接说对方是错误的，这只是单向表达，不是双方沟通。沟通的根本目的是最终达成一个共识，但大多数人的想法却是"我跟你沟通不良""我们两个想法不一致"，沟通一次、两次、三次之后，"我就拒绝跟你沟通"。其实，这个时候不是拒绝沟通，而是根本还没开始沟通，"道不同不相为谋"的意识阻碍了沟通。案例中张老师最后的决定也是这样："我觉得很无味，伸手做了个请离开的姿势，请她离去，说我们两人的观点完全不合，没必要谈下去。"这样就彻底堵住了沟通的渠道。

　　那么当班主任和任课老师发生碰撞的时候该如何解决呢？教师首先可以抛开"成见"，关注事件本身，瞄准期望的最终目标，用客观的态度处理问题，莫让成见遮望眼。

　　佛家教义《金刚经》有一句话：应无所住而生其心。意思是说，在评论之前应该先放弃固有的认识、观念，不能让固有的认识左右了自己对具体事件的评论。老子《道德经》第四十八章：为学日益，为道日损，损之又损，以至于无为；无为而无不为。损就是逐渐减少自我的认识，最终消除自我认识，达到无为，即不用自己的主观见解而认识世界，应该遵循客观的规律和事实真相，做到这些就能够无不为。庄子在《齐物论》中提到"丧我"，也是这个意思。心理学也强调"不知道"的状态，就是尝试放下任何的预先存在的前提假设，针对特定的情境或体验，获得一个新鲜的无偏见的观点。也就是说，人们试图探索或检测一个特定的人或情境时，先让自己处于不知道的状态，以避免任何可能使自己戴上有色眼镜的预先假设。案例中双方的行为很明显都带有对彼此的成见，从而给双方的沟通带来了严重障碍。

　　在正式沟通前，我们还要注意以下五个方面。

　　第一，当对方做了一些让你不舒服的行为的时候，先不要闹情绪，而是先问自己，我是如何定义他的行为的？案例中张老师看到英语老师置早读课不顾却在处理两个学生，内心很不舒服，于是对英语老师就会滋生不满情绪，"皱了下眉"就是表现，这份情绪自然就会流露在和英语老师交流的语气和语言模式中，"于老师，这两名学生课后再处理吧，下面这么多学生在等着呢"，这句话看上去语气委婉，但不满意的成分很多，正常人都能感受出来，言外之意就是批评英语老师处理方式不当，耽误了大部分学生学习。而英语老师对自己行为的定义是有问题就应该及时处理，对班主任的行为定义为干涉自己的教育，于是情绪自然也会不好，爆发也就是顺理成章的事了。

第二，我是否充分了解这件事情，行为背后真正的正面出发点是什么？每一个人行为背后的出发点都有正面的因素，要学会找到正面信息。案例中，班主任看到英语老师批评班里的两个学生时，想到的是"下面这么多学生在等着呢"，于是就认定该行为不恰当。英语老师认为这个问题要及时处理，不能让这样的事情一再发生，耽误一会儿早读可能影响不大。英语老师主动找班主任沟通的正面行为也是想取得对方的认同。如果班主任能关注这些正面信息，那么双方就会很容易取得共识。

第三，我是否可以换一个定义来诠释这件事情？如果张老师对英语老师的行为进行重新定义，情绪反应和沟通效果可能就会大不相同。例如，班主任张老师可以认为英语老师认真负责，处理问题比较及时，对学生不放弃，和这样的老师合作会提高自己的做事效率和发现问题的能力。当对对方行为的定义发生改变的时候，我们的感觉也会跟着改变，心情也会变好，沟通时就能呈现正面情绪，这份情绪也会积极地影响对方，从而达到我们想要的沟通目的。

第四，双方的共同点是什么？当双方意见不一致的时候，大部分人的注意力就会发生偏差，不是把注意力放在共性上，而是过多关注彼此的差异。越强调差异，越强调自己的立场，对方也会越坚持自己的立场，这样的结局往往是不欢而散。这个时候就需要我们跳出自己的思维，设身处地站在对方的立场上考虑，运用上位推理，找出双方的共同点。案例中，双方的共性还是比较明显的，都希望教育得到良性发展，都有对学生认真负责的态度，如果双方的沟通是站在这个共性的基础上，沟通的效果可能就会不一样。

第五，应该用什么方式跟对方沟通，才能解决问题并使双方之间的关系变得更好？当思维关注到沟通方式的时候，沟通双方其实是很容易找到答案的。

案例中，班主任冷静下来做的反思就很有价值。比如，班主任可以说："于老师，这两学生我来处理吧，不能让他们干扰了你的正常上课。"我想，当时班主任如果用这样的方式来沟通，英语老师是很乐意接受的。

总之矛盾是绝对的，只要有合作就必然会有不同的看法，这个时候最需要的就是良好的沟通方式。如果在沟通之前抛开成见，就事论事，认真思考上面的五个问题，很多问题就会迎刃而解。

二、同事之间的合作与交往

同事是我们相处时间最久的群体，很多时候比和家人相处的时间还长。因此，要注意营造和谐的同事关系，创建愉快的工作氛围。

真诚地赞赏你的同事。人性的弱点之一就是希望证明"我"很重要，这个证明的过程就隐含了对方"不重要"的信息。而作为知识分子的集中群体，教师之间又容易犯"文人相轻"的毛病，所以经常会因为一些看似毫无轻重的语言和行为而在不知不觉中疏远了同事，恶化了双方关系，影响了工作的心情。因此，我们要在日常相处的过程中学会"真诚地赞赏"同事，不要为无谓的事情争论，如果错了，当即承认。

美国政治家林肯说："人人都喜欢受人称赞。"美国心理学家威廉·詹姆士也说过："人类本质里最殷切的需求是渴望被人肯定。"因此，当同事取得某项成绩的时候，不要漠视，而要真诚地送上祝福；当同事表达自己深刻的观点的时候，不要轻视，而是要用"三人行必有我师"的心态送上你的认同；即使像穿衣、发型等日常小事，也不要"视而不见"，而是真诚地表达你的关注。这些不经意肯定的言论会为你的工作环境带来愉快的氛围。

赞赏的表现形式很多，有时候倾听会带来非同凡响的效果。当有人发言、做报告甚至表达一些社会观点的时候，你都可以选择倾听，你的倾听会让对方获得一份认可和尊重。

让语言充满关怀。心理学家阿尔弗雷德·阿德勒在《生命对你的意义是什么》中提到："凡不关心别人的人，必会在有生之年遭受重大困难，并且大大伤害其他人。也就是这种人，导致了人类的种种错失。"

少指责，多尊重。在和同事相处的过程中，难免会出现意见相左的情况，这个时候要尽量控制自己的情绪，尽量不要用指责的语言，而应该尊重他人的意见。俗话说："人要脸，树要皮。"此话道出了人性的弱点：爱面子。纵使对方的观点出现明显的偏差，也尽量不要穷追猛打，而应该照顾对方的面子，给他留一点儿空间，设一个台阶。

切忌用自己的真知灼见击败对方，因为这样会让你显得比他更聪明，等于否定了他的智慧和判断力，打击了他的荣耀和自尊心，同时也伤害了他的感情。对方不但不会改变自己的看法，还要进行反击，伤及和气。我们可以用若无其事的方式或者是自己主动承认错误的方式提醒对方。例如，用"好像你忘记了"来替代"你不知道"，用"你好像没说清楚"来提醒"你错了"。这样就会给对方一个心理缓冲空间，让他更理性地思考自己的看法。

永远不要说这样的话："看着吧！你会知道谁是谁非的。"这等于说："我会使你改变看法，我比你更聪明。"这实际上是一种挑战，在你还没有开始证明对方的错误之前，他已经准备迎战了。

人与动物的最大区别之一在于人是一种有理性的动物，但是，这并没有说人只有理性。实际上，有时感性在我们日常行为中所起的作用比理性更大。"良药苦口利于病，忠言逆耳利于行"，中国古人流传下来的许多警语是告诫人们要保持理性的清醒，尽量多听取一些逆耳忠言。但是，即使如此，人们还是愿意听到他人对自己的正面评价。即使是那些善意的指责和批评，往往也会引起人们的反感和抵制。即使人们在内心明白许多批评是真诚的，但有人对自己的缺点加以指责的时候，还是会感到非常不愉快。

和而不同。许多人都习惯按照自己的喜好来处理周围的人际关系，乐于和喜欢的人打交道，厌恶和不喜欢的人打交道。但因为个性特质、地域关系、行为习惯等多方面的差异，我们总会发现身边有一部分"不投缘"的人。对此，我们应该多一份理性和宽容，少一份感性和指责，学会化敌为友，和而不同。卡耐基说："如果一般说来你不喜欢他人，有个简单的方法可以教化这种特性——寻找对方的优点，你一定会找到一些的。"所以，对待他人，要多欣赏，要多发现他人的优点。有了这种宽容的气度，在工作中与别人相处会更加融洽。

三、师生之间的合作与交往

教育离不开沟通，很多教师在和学生交流的时候往往感觉无能为力，甚至越沟通效果越差。我经常听到有老师发出"这样的学生该怎么办"的哀叹，也经常看到有老师和某某学生谈过多次而效果甚微的无奈。

根据笔者多年和学生交流的经验，结合 NLP（神经语言程序学）的有关理念，认为和学生的沟通要具备以下六个观念。

（一）承认师生差异性，改变对学生行为的评价

没有两个人是一样的，不要用统一的标准来衡量学生。教师只有承认差异，才能用更多元的标准来评价学生，才能更容易找到学生的闪光点。

当教师对学生的行为"痛心疾首"的时候，应该想到五四时期那些有"责任心"的年轻人也有同样的感慨，结果那群年轻人成了历史的创造者；被称为"垮掉的一代"的"80 后"也在生活中证明了自己。这就是时代的差异。

每个人的信念、价值观及行为准则都有差异，所以不能要求学生的处世方式、看问题的态度都和教师一样。教师这一代走过的岁月，与现在的学生正在走的和将要走的不会相同，对教师而言正确的东西对他们而言不一定正确。当教师这样认识问题的时候，教师才不会因为学生的"出格"而怒发冲冠。

尊重别人的不同之处，别人才会尊重你独特的地方。教师能接受学生的不同之处，学生才会接受教师对他的看法。

案例

高二分班的时候，我们班来了一个被老师们私下评价为"道德败坏"的学生，据说该生个性张扬、目无师长。后来，我找这个学生谈话，用尊重平等的语气和他交流关于"个性"的看法，结果这个一贯以个性自居，以冒犯老师为豪

的学生说出的观点竟然和我要讲的观点出奇的一致，从此他收敛起对抗的保护刺，积极地维护自己正面的个性尊严。

发生在一个人身上的事情，不能假定发生在另一个人身上也会有一样的结果。所以，教师的经验只能是学生成长的参考资料，但不一定保证在他的人生里也是正确的或可行的法则。有一个心理学家说，经验的可悲之处就是认为过去正确的事情现在去做也会同样正确。

承认差异，教师就能平等地对待学生，就能站在学生的角度思考问题，就能找出更智慧的处理问题的方法。

(二)把选择权交给学生，同时教会学生理性选择

当教师直接"教导"学生该怎样做的时候，学生容易误以为教师在用他们的观点来"控制"自己，而被"控制"的感觉并不舒服，导致的结果就是学会想办法摆脱"控制"。

现在的学生自我意识很强，特别强调自己的存在。他们的口号是"只做唯一的自我，不做任何人的第二"。因此，教师要承认学生的独特性，不能把他们看作接受思想的容器。

一个人不能推动另外一个人，只能自己推动自己。一个人也不能"教导"另外一个人，所以，没有"教"，只有"学"。因此，"教"学生并不是最重要的事，使学生"学"到了才更重要。

推动学生在"学"中提高的方式就是用提问引起学生的思考。当学生的思考遇到阻碍的时候，教师可以提供一些建议，但把最后的选择权交给学生。学生内心价值观的改变自然会推动其行为的改变。

案例

如下对话产生于一学生和科任教师产生误会之后。

师：我说过，有效果比有道理更重要，请问你想达到怎样的目的？

生：消除这种不良情绪，喜欢听这门课。

师：你认为该怎样做呢？

生：问他为什么对我发火，消除误会。

师：还有呢？

学生思考好久，摇头表示不知道。

师：如果有一个更好的办法你会不会接受？

生：你先说出来听听。

师：主动关心老师，问老师这两天是不是有什么不开心的事情，先接纳老师的情绪，老师肯定会反思自己的行为的，然后会更加关心你。

生摇头，表示没这样做过。

师：你的目的是什么？

生：让老师喜欢自己，自己更喜欢听课。

师：如果老师喜欢你，你会得到什么好处？

生：成绩会提高很快。

师：成绩提高又会得到什么好处？

生：可以考一个理想的大学。

师：考上理想大学又会得到什么好处？

生：给自己今后的人生提供一个好的平台。

师：很好，除此之外，你还提高了自己的沟通能力。当你有了良好的沟通能力，你会有什么好处？

生：周围的人都会喜欢自己。

师：大家都喜欢你，你又有什么好处呢？

生：大家都会帮助我。

师：大家都会主动帮助你，你会得到什么呢？

生：我生活得会很快乐，进步也会很快。

师：两个如此大的好处，都来自你的几句话，你认为值得吗？

生：非常值得。

师：会不会按照我说的去做。

生：会的。

师：告诉我你什么时候完成。

生：看看今晚该老师是否在办公室。

师：恭喜你取得了很大的进步，我相信你一定能做好，期待你的好消息。

整个沟通过程，教师都没有对学生提出一点儿硬性要求，而是通过发问引导学生积极思考，明白事情的真正意义，改变对事情的认识，这个时候学生会做出对自己有利的选择。

(三)关注学生的理解，沟通的意义决定于对方的回应

教师自己说了什么不是最重要的，对方听到什么才是最重要的。因此总是强调教师自己的观点正确并没有用，学生对收到的信息理解正确才是重要的。

下面用《班主任之友》(2010 年第 12 期)中的一篇文章——《一块钱与德育》中的案例来解释一下师生表达与理解的差异。

案例

学生捡到一块钱，犹豫再三，最后还是决定把钱上交政教处。

点评：学生渴望得到的回应是对行为的赞赏和对班级的德育奖励。

老师的回应是：这钱是捡的吗？

政教处老师的本意是：物品上交是学校考核班级的一项指标。分值虽不大，却常常有左右"全局"的作用。也正是因为这个原因，有的班级为了在阶段考核中取胜，就想出了"歪主意"——把自己的零花钱交到政教处以谋取分数。为了避免这种情况，于是就会"询问"事情的真相。

点评：老师做出的反应与政教处工作的独特背景——有人作弊有关，在这个背景下做出"询问"的反应好像很有道理。错误就是听者(学生)没有类似的背景，他听到后的反应和老师表达的初衷肯定不一致。

事实上学生(陈涛)的反应的确是如此："今天，我差点让政教处的老师气死了。"有同学捡到钱后就自己"留用"，陈涛曾经劝过他们，没想到自己主动"上交"，居然惹来老师的"猜疑"，他感到很委屈。陈涛说，以后遇到这种情况，自己再也不会上交，就用那一块钱"打打牙祭"。

点评：政教处老师肯定没有想到学生的这种反应，他也不希望看到学生有这样的反应，但学生的反应却是真实的。这样的沟通就是典型的只考虑自己的表达没有考虑接受者的反应造成的。

心理学研究表明，人与人沟通时，由于彼此的生存模式的阻碍，双方无法像对方预期的那样了解信息的含义，而是会错误地理解接收到的信息。上面的案例中，师生双方都不能准确地理解对方的意思，而是按照自己的理解来回应对方，所以矛盾不断。只有当沟通的双方真正表达出自己的想法，包括那些常常藏在心里没有机会说出来的想法，沟通才能有效发挥作用。

（四）正确理解情绪，找到引发情绪的真正动因

很多人都认为不要带着情绪工作，要控制自己的情绪。其实情绪有积极情绪和消极情绪之分，我们要控制的是消极情绪，要维护的是积极情绪。

情绪是生命里不可分割的一部分。因此，我们不要害怕情绪，更不应该变得毫无情绪，而是应该学会利用情绪。情绪的反应往往比语言更可靠，也更能帮助我们了解真实的信息。为了说明这个问题，我们可以了解一下情绪冰山图。见图8-1。

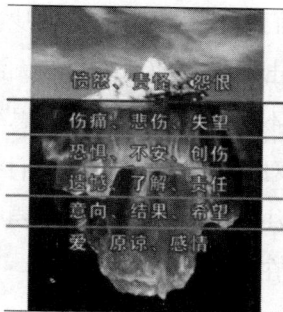

图8-1　情绪冰山图

我们能看到、感受到的情绪往往就是浮在海平面上的冰山，其实引起情绪反应的真正原因却在"海平面"之下。例如，我们看到的是一个人的愤怒、责怪、怨恨等情绪，却不了解产生这种情绪的原因，那么我们处理问题就很难有效。只有触及了内心的深处，了解了情绪背后的深层次原因，才能有效地疏导外显的不良情绪。

案例

一个男生总是喜欢欺负女生，尤其是漂亮的女生。经过了解，原来该生读小学的时候曾经和一个女生发生过矛盾。本来错误在女生，但因为该女生成绩好又善于表演，老师狠狠地惩罚了他并且打了他一巴掌。我就根据情绪冰山图

找到了问题的根源，原来他的怨恨来自曾经的伤痛。于是我通过感觉覆盖法消除了他的这份伤痛，问题也就解决了。

情绪是不会骗人的，教师掌握了学生产生情绪的原因，就能把握学生的真实心理状态，也就有利于教师对症下药，解决问题。

(五)遇事不绝望，告诉自己凡事至少有三个解决方法

你没有失败，只是暂时还没有找到成功的方法。把这句话也送给那些在教育中困惑着的教师：没有办法，只能说已知的办法行不通；不是没有方法，只是暂时还没有找到成功的方法。当我们感觉困惑时，就用这句话来鼓励自己。

一般人处理问题往往是两元的：对和错。这种非对即错的思维，往往让人们陷入各执一词的争吵，最后甚至会抛弃解决问题的初衷而变成相互的人身攻击，这样的思维当然无法处理问题。其实，任何问题至少有三个解决方法。当不再局限于对与错的思维中，我们就会发现还有更多的方法可供选择。当陷入对与错的困境时，我们可以冷静下来问自己：自己的目的是什么，自己真正关注的是什么，自己想要解决的问题是什么。这样，一个新的方法就会慢慢浮现在自己的脑海中。

案例

一日，有一名学生在课堂上玩手机。根据学校的相关规定，我暂时将手机没收代管。当天晚上临近 11 点的时候，我突然接到家长的电话，对方带着指责的语气连问我三个问题："李老师，你是不是没收了孩子的手机？收孩子的手机为什么不通知我们家长？孩子的手机很贵的，如果丢失，你是不是赔偿？"

愤怒对抗只能发泄情绪，激化矛盾；退让逃避又会暴露教育的软弱，后患无穷。当两种方法都不行的时候，我们要尝试寻找第三个方法：先引后带，把对抗转化为理解与合作。

我针对家长的质问做了如下回答：我理解你的情绪，接不到孩子电话的那份焦急和担忧是任何一个做妈妈的都会有的，这也说明你真的很爱你的孩子。不过，我也很爱我的学生，请问你的孩子现在已经高三了，如果她自己连这样

的问题还不知道该如何解决，那么你能保护她一辈子吗？如果真的爱你的孩子，你应该告诉她如何处理生活中的问题，而不是包办替代。孩子的手机虽然很贵，如果丢失我一定会赔偿的。但我想知道，你现在关心的是手机还是孩子？

家长听我如是说，立即缓和了语气，为自己的无礼而道歉，并答应第二天亲自到学校交流。

在爱孩子的共同点上寻找到了解决问题的方式，并且在如何爱孩子的方式上也达成了共识。最后家长道歉说，没想到老师替孩子考虑得更全面更长远。这时，"刁蛮"的家长变得非常通情达理，这一场矛盾也换来了家长对学校工作的鼎力支持，这个学生一直到高中毕业都没有怎么再犯错误。

(六)正确对待学生的错误，挖掘错误背后的成长因素。

很多班主任在批评学生错误的时候更多是在发泄自己的情绪，而忽视了让学生成长这个目的。其实学生的成长过程就是一个学习过程，犯错是学生成长的必要环节。每一个行为都有其积极的一面，包括错误的行为。教师只要把目光关注到"引导学生在错误中学会成长"上，就会发现一些积极的因素，从而达到教育的目的。

案例

一名同学晚自修的时候用手机看小说。我把他叫到办公室之后没有简单地按照课堂使用手机的违纪行为处理，而是先问他为什么要看手机。他说自己学习很累，又遇到了难题，想通过看小说来放松一下。这个时候，我就引导他说："你的这种心理我可以理解。每个人在学习的过程中都会遇到各种障碍，也会有懈怠的时候，即使你不玩手机，也可能通过其他的方式放松自己。那么，请问以后再出现这种学习障碍的时候你应该如何处理呢？"这时学生也完全从违纪的恐惧中解脱出来，积极思考该如何解决学习中遇到的困难，并且保证把手机放回家。为了惩戒自己，他还主动要求每周都参加大清洁。这个时候，我又表扬了他的态度和奉献精神。学生犯了错误，却得到了成长。这与老师的处理思路和关注的焦点有关。

在批评学生的错误时，教师要就事论事，不要轻易上升到品格问题，因为这样的评价很容易伤及学生的人格尊严，导致学生进行本能的辩护、对抗。另外教师可以少关注为什么，而关注怎么办。关注"为什么"，学生的思维很容易回到犯错误的情境，然后会本能地为自己的行为寻找借口，即使这个借口听起来很荒谬。当教师多关注"怎么办"的时候，学生的思维指向未来，会积极想方法来弥补自己的错误，以便证明"我有能力处理这些问题"。

四、家校之间的合作与交往能力

(一)和家长沟通的"忌"和"技"

当前，家校矛盾时有发生，甚至还会发展到水火不容、对簿公堂的地步。这不得不说是一种悲哀，同时也为教师们遗憾，因为付出的一番真心却换回这样的回报，任谁都会心凉半截。但冷静下来想一想，真心还需方法衬，工作中必须讲究一定的方法。如下，结合一线教师和家长沟通的经验谈几点"忌"和"技"。

第一，忌说孩子不聪明。这应该是最重要的一点忌讳，因为这样的评价会彻底斩断家长的希望，甚至会彻底激怒家长，使沟通无法进行。总之一句话，你可以说孩子不勤奋，但绝对不能说他不聪明。

技巧：在勤奋这一点上教师即使大做文章，家长也能够接受，甚至是欣然接受。然后顺势沟通一些教育理念，让家庭教育和学校教育同步。这个时候家长一般都会站在教师这边看问题。

第二，忌只谈缺点不谈优点。教师和家长的沟通是一种相互交流，交流的目的是让孩子受到更好的教育，而不是喋喋不休地向父母告状。否则，教师只能逞一时的口舌之快，但却不能收获真正想要的结果。

技巧：和家长交流学生问题的时候最好先总结孩子的优点，尤其是强调孩子很聪明，然后再表达孩子成绩不理想等不足。让家长从心底感觉到教师是真心为孩子的前途考虑，心理上和家长处于同构状态，引发家长的认同感和感激之情。有了心理和情感基础，以后的交流都会很顺利，即使教师有一点不恰当的地方，也容易得到家长的理解和宽容。

第三，忌对人不对事，翻陈年旧账。和家长沟通要就事论事，不宜旧账重提。总是提及以前的错误给人的错觉可能是教师对孩子有意见，对孩子心存不满。家长会误以为教师早就想"整"自己的小孩了。如果这样，沟通就很难进行了。

技巧：当学生犯了错误，教师和家长沟通的时候，一定要就事论事。家长一般会理解的，对孩子的错误也不会包庇。家长批评自己的孩子没问题，但自己的孩子被别人严重批评就很没有面子了。如果家长包庇孩子，那么教师批评也没有效果，教师说了只有失和气伤感情，还不如不说。

第四，忌只报忧不报喜。很多家长一接到教师的电话就紧张，因为教师常常在学生犯错误的时候给家长打电话。这样的电话一般不会取得想要的效果，反而会加深家庭矛盾，甚至学生会因此把家庭矛盾迁怒于教师身上。

技巧：当学生取得进步的时候，教师也可以给家长打电话联系，这对学生也是一种鼓励，家长也会非常感激。这样，就轻易地建构了沟通的情感基础。将来若有矛盾发生，学校与家长的沟通也会更顺畅。

(二)要做家长教育方面的参谋和战友

教师需要和家长建立密切、亲和的关系，既要展现出自己作为教育工作者的专业水平，做好家长在教育方面的参谋，又要和家长保持一致立场，成为教育方面的战友。但是就目前的情况来看，家校矛盾还比较突出，家校沟通还不够顺畅。建立良好的家校亲和关系是沟通的基础。

影响家校沟通顺利进行的因素主要有两个：一是一方不喜欢和不信任另一方；二是一方不知道接受另一方的想法、观点等所带来的利益。前者在沟通中扮演着重要的角色，突破前者的阻碍就要建立亲和感。因此，教师要特别注意建立家校之间的亲和关系。

亲和感的建立在影响有效沟通的因素中占有60%以上的比重，也就是说，语言技巧最多只占到 40%。有的时候，即使不需要和对方过多表达，对方也能欣然接受自己的建议。但有些时候，尽管句句在理，振振有词，但对方却执意不接受提出的意见，甚至对方自己也不清楚不接受的原因。这些都证明了单纯的语言技巧并不能主导一次有效的沟通。

亲和感的建立更多是发生在人们潜意识的层面上。实际上，在一次沟通中，最多 10% 的效果出自于意识层面，这个层面一般是指语言文字；潜意识层面的沟通则可以高达 90%，这个层面包括了情绪表情和肢体动作，但这个层面的表现往往不易被当事人觉察到。所以，教师需要好好地觉察和掌握这个部分。

展现自己的专业素养是获得家长认可的保障。不可能每位家长都是教育专家，都懂得如何教育子女，大部分家长是延续父辈的教育方式来教育自己的子女，而这样的教育模式显然跟不上时代的步伐。因此，教师要有自己的专业自信，告诉家长一些基本的教育理念，帮助家长解决一些家庭教育问题，从而获得家长的信任和认可。

（三）从容应对家长的质疑和刁难

在实际的教育工作中，教师难免会遇到一些家长的质疑和刁难。遇到这种情况，不用慌张，只要了解家长的真正需要，正确理解与家长沟通的模式，并给予合理的引导，就会化危为机，从而打开家校沟通之门。

家长质疑教师，一定程度上也表露了让孩子获得教师深度关注的渴望。因此，教师有时候就不能停留在事情的表面而与家长各执一词，那样只会引发争执，"公说公有理，婆说婆有理"，越沟通矛盾越大。当面对家长质疑的时候，教师要接纳对方的情绪，让对方获得情感认同，然后引导家长深入价值层面进行交流，尽量在价值层面上达成共识，从而把家长从批评者转变为支持者。

接纳家长那份独特的感受，寻找共同点。家长在质疑教师的时候，往往是因为一些具体的事情而有了不愉快的感受，认为他们的孩子在学校受到了教师不公正的待遇，甚至认为教师对他们的孩子有偏见等。当然，这份感受往往是因为误解而产生的。因此，教师在处理家长的质疑时就要先平复家长的情绪，家长的情绪稳定下来，教师才能更好地与他们沟通。

当和家长在具体行为方式上有不同看法的时候，教师不要急于表达，不要急于证明自己的做法是正确的，因为这样的行为隐含了一个信息：家长的指责是不对的。这不但没达到解释的目的，反而会加深双方的误解，甚至会把解释变成双方各执一词的争吵。这个时候最有效的做法是进行上位推理，找出双方各自行为的共同点：为了学生的成长。这样双方的看法就很容易达成一致。当家长了解到教师的做法是为了他们的孩子的时候，他们也会更多地站在教师的角度进行思考。

引导家长进行比较分析，让家长决定该如何做。当双方达成共识的时候，教师要通过自己的问话引导家长分析不同行为可能会产生的后果。这个时候的家长往往会变得更理性，当他们推论出自己的行为方式可能会造成的严重后果时，他们自然不会再坚持自己的行为。注意，这个时候切忌得理不饶人，更不能对家长板起面孔说教，因为这样会伤了家长的自尊心。教师通过问话引导，把决定权留给家长，聪明的家长肯定知道该如何做。如果家长这个时候还不明白，那么教师的说教也肯定不会起到作用。一般来说，当教师接纳了家长的情绪的时候，家长也更容易接受教师的观点，也更容易理解学校的教育行为。这样，很多很棘手的问题就变得迎刃而解了。

第三节　批判与创新能力

一、批判思维的内涵

当今的社会是一个迫切需要创新和鼓励创新的时代。作为素质教育的践行者，教师必须要帮助学生养成批判性思维习惯，形成批判性思维能力，这被看作当代学校实施素质教育的关键目标之一。特别是在信息化社会里，谁能够先获取信息并恰当选择信息，谁就更能获取成功。

那么，什么是批判性思维呢？各界人士都对批判性思维表达了自己的看法。有人认为批判性思维是对某种主张以及其支持根据的理由进行审查，是对论证或论辩的分析与评估，是思维方式和思维技巧的萃聚。也有的学者认为批判性思维是对自己或别人的观点进行反思、提出质疑，然后弄清情况而进行独立分析的能力，其核心在于反思。批判性思维强调，当人们面对纷繁的主张、观点、信息时，需要对这些主张、观点、信息做出判断，特别是对支持它们的理由，要做出合理的评估。

我国古代先秦时期的墨家也极其关注批判性思维，当时它在与儒家、道家、名家以及其他学派进行辩论的过程中，对其他各派的主张进行了合理、理性地审查、推理、判断并且对他们的论证进行了分析和评估，形成了墨家的批判性思维。

二、批判思维的探索历程

20 世纪 80 年代以来，为了增强学生的批判性思维能力，人们已经开发了丰富的课程资源，但对批判性思维的定义，人们一直没有取得相同的看法。例如，恩尼斯曾在 1989 年提出：批判性思维能力是指对做什么和相信什么作出合理决策的能力。因而，识破误导、荒谬的广告，衡量竞争双方的证据，看出辩论中的假设或谬误等都是批判性思维的表现。再比如，里普曼曾在 1995 年就认为批判性思维与一般思维是有所区别的，并对一般思维和批判性思维作了明确的划分：一般思维简单而又缺乏标准，而批判性思维较为复杂，并且以客观性、实用性和一致性这三条标准为基础。他还认为，人们在教学实践中，对批判性思维存在一些误解，如把思维教学等同于批判性思维教学，教逻辑思维等同于教批判性思维，批判性思维训练就是思维技能的操练等。他提倡，要想指导教师鼓励学生进行批判性思维，就必须先界定出有效的操作定义。而奥克斯曼·密歇利认为：批判性思维包括智力技能和批判精神两个组成部分。批判精神左右着一定的心向，即一定的态度和倾向，激发或激活个人朝某个方向去思考。一个人要想成为一个批判性思维者，他不仅要获得批判性思维技能，而且还要获得使用这些技能的准备状态、意愿和倾向。批判精神包含着如下要素：独立意识、头脑开放、全心全意、智力、尊重他人。将批判性思维分为智力技能和批判精神两个组成部分，有助于启发我们对批判性思维与一般性思维的关系的认识。

关于批判性思维中包含哪些技能，不同的专家和学者们从不同的学科领域出发，提出了不同的看法。其中，尼德勒所提供的批判性思维基本技能一览表有着强烈的代表性。他认为批判性思维包含 12 种基本技能，这些技能可以分为定义和明确问题、判断相关信息、解决问题或作出结论三个方面。

首先是定义和明确问题：一是识别中心论题或问题。识别一篇文字、一篇评论、一幅政治讽刺画的中心大意或包含在评论中的理由和结论。二是比较异同点。能比较各种人物、观点、同一时刻或不同时刻的情境的相同点和不同点。三是确定哪些信息是相关的。能识别可证实的和不可证实的、相关和不相关的信息之间的差别。四是形成适当的疑问。这个疑问能引导人们对某个问题或情境进行更深刻、更清楚的理解。

其次是判断相关信息：（1）区别事实、观点和合理的判断。能运用某个标准去判断某个观察和推理的质量。（2）核查一致性。能确定某种论述或符号在上下文中是否彼此一致，一场政治辩论中的不同观点是否和中心议题相关和一致。（3）识别字里行间的假设。能识别那些没有明白表述但可推想得到的假设、观点和结论。（4）识别原型和套话。能识别对某个人、团体或观点的陈词滥调或惯用语，这些套话的含义一般是恒定的。（5）识别偏见、情感因素、宣传以及语义倾向性。能识别包含在一篇文字或图表中的偏见，确定来源的可靠性。（6）识别不同的价值系统和意识形态。能识别不同的价值系统和意识形态之间的异同。

最后是解决问题或作出结论。一是识别材料的适当性。能决定所提供的信息在质和量上是否足以证明一个结论、决定、概括性的命题或似乎合理的假设。二是预测可能的后果。能预测某个事件或一系列事件的可能的后果。

但贝耶尔强调指出：这些技能并不是按顺序进行的一系列步骤，而是学生为了评价信息是否正确所采取的一系列可能的方法。而何云峰教授认为，批判性思维主要是质疑、弄清、独立地分析，它的特点主要是要主动地思考，要有独立的分析过程，要积极地批判而不是消极地批判，它是反思性的思维活动，是全面的审查过程。

尽管人们对批判性思维看法存在差异，但我们还是可以归纳总结出几条共同点。如，抓住中心思想和议题，判断证据的准确性和可靠性，判断推理的质量和逻辑一致性，察觉出那些已经说明或未加说明的偏见、立场、意图、假设以及观点，评价价值和意义，预测可能的后果。总之，批判性思维就是对所看到的东西的性质、价值、精确性和真实性等方面做出个人的判断。如果说创造性思维就是所谓的足智多谋，那么批判性思维就是所谓的善断。批判性思维者一定要具有批判精神，要时刻用批判的眼光来看待问题。

三、教师创新素质的内涵与意义

素质教育是以提高国民素质为根本宗旨的教育，创新教育是素质教育的核心内容，创新教育是指依据社会主义现代化发展对人的要求，有目的地培养青少年学生的创新精神、创新能力和创新人格的教育，简言之，创新教育是旨在培养创新型人才的教育。创新教育的实施离不开具有创新素质的教师。

(一)教师创新思维的内涵

教师素质是由多种要素构成的，是影响教育教学效果的核心因素，其中创新素质是教师素质的重要组成部分。首先，创新素质是一种素质，素质是指个体在先天禀赋的基础上，通过环境和教育的影响所形成和发展起来的稳定的性质，是完成某种动作所必需的基本条件，人在社会生活中要完成许许多多的活动，因而，相应地也需要不同的素质。其次，创新素质作为一种素质，重点在"创新"，"新"有两层含义，一是绝对新，是人类从未有过的；二是相对新，相对于某一群体、某个人是新的，如科学家的发明创造是创新，学生用自己的头脑去发现问题、组合知识、发现知识之间的联系，获得新颖的解决问题的方案也是创新。所以，教师的创新素质就是一种在教育教学中所表现出来的涵盖创新精神和创新能力的稳定的心理品质。

教师的创新素质中有一项是创新精神，即教师所具有的在教育教学工作中的创新意识、探索意识。对于教师来说，这种精神会作为一种内驱力推动教师不断地探索适合学生特点的、适合现代社会和科技发展的新的培养人的模式。

教师的创新素质还包括创新能力，即教师把愿望、方案变为现实的能力，包括想象能力、创造思维能力、计划和实施能力、反思能力等。这是教师能够实施创新教育的关键。一位教师的创新精神和创造能力是紧密联系、不可分割的有机整体。

(二)培养教师创新思维的意义

具有创新素质的教师是实施创新教育的保证，也是实现我国基础教育课程改革目标的保证。教育的目的是培养学生成为具有创造力的、适应社会发展需要的、独特的人，即教育一方面要为社会培养所需要的人才，另一方面又要促进学生的个人发展，使人真正成为人。在学生的发展过程中，教师作为重要的影响因素在很大程度上影响着学生的发展。一个学生在不同教师的教育下会有不同的发展方向、发展速度和发展水平。从教师作为社会成员的角度看，教师自身也需要发展，也需要在职业活动中不断地成就自己，教师的个人发展又会反过来促进学生的发展，因此，我们可从教师和学生两个方面认识教师创新素质教育的意义。

1. 对教师发展的意义

教师创新素质是教师专业化对教师的必然要求。教师专业成长追求的目标是成为专家型教师，"专家型教师是指具有良好的、全面的知识结构，能高效地、有创造性和洞察力地解决教学领域问题的教师"，一名专家型教师因其良好的工作业绩更易赢得学生、同行、学生家长和社会的广泛好评，从而产生职业满意感、舒适感，赢得更好的社会声誉、社会地位，也使教师体验到职业价值及自我需要的满足。创新素质对于教师成长的意义主要表现在以下方面。

第一，有助于教师深入理解教育教学现象，形成正确的富有个性的教育理念。教育理念是教师在理解教育教学现象的基础上形成的稳定的教育观念，对教育教学活动具有定向、激励和评价作用。创新素质将帮助教师突破传统教育理念的束缚，以新颖、独特的视野去理解教育教学活动。

第二，有助于教师形成专业意识，体验教师职业的价值感，提升职业满意度。教师专业素质的首要品质是专业意识，即视教师职业为值得自己去努力付出、奉献的事业，不断追求专业的成熟。教师专业意识与教师职业体验是紧密相连的。叶澜教授指出，一位教师只有用创造的态度去对待教师工作，才能"在完整意义上懂得工作的意义和享受工作的欢乐，才能体验到教师职业的内在尊严和价值，反思和重建自己的职业意识和行为，使自己成为自觉创造教师职业生命和职业内在尊严的主体"。

第三，有助于教师形成自己的教学风格。专家型教师与一般教师的最大不同在于专家型教师拥有自己的教学风格，能创造性地解决教育教学问题。创新素质使教师不因袭旧的教学模式，不满足于已有现状，在教育教学生涯中不断地随着时代的发展、学生群体特征的变化、国家和社会对人才的需求而积极主动地学习新的教育理论，融合各种观点，透过现象觉察教育本质，从大家习以为常的现象中发现问题，从大家认为没有问题的地方洞察问题，追求科学高效地解决问题的思路、方法和效果。

2. 对学生发展的意义

创新教育的目的在于培养具有创新素质的学生。对于学生个人来说，创新教育能最大限度地发挥自己的潜力，实现自己的人生价值。教师的创新素质在学生的创新素质发展中起着十分重要的影响。学生的创新素质是在创新教育的氛围中培养发展起来的，而教师就是营造这一教育氛围的决定性因素。

第一，教师个人的创新素质会以榜样的力量潜移默化地影响学生的思维品质。教师个人的榜样作用是一种巨大的教育力量，尤其是对于中小学生而言，教师是学生模仿的对象。在模仿过程中，学生不仅模仿教师的外显行为，而且也会把教师行为中所蕴含的品质内化为自己的品质。

第二，具有创新素质的教师会以一种独特的人格魅力影响学生对教师的认同感。这样的教师一般会比较敬业、专业，其渊博的知识和独特的人格魅力会赢得学生发自内心的尊重，更容易被学生接受，也更容易促使学生产生积极的人生态度和人格特征。

第三，具有创新素质的教师更善于融合各种教育因素，为学生的成长创设恰当的学习环境。有的教师会经常创设问题情境，使学生的智力面临挑战；有的教师会经常引导学生多方面的思维，使其智力活动多样化、丰富化；有的教师会激发学生的成就动机，保护学生的好奇心，培养学生的自信心；有的教师会经常鼓励学生提出与自己不同的观点看法，倡导同学之间的讨论；有的教师会经常以良好的情绪感染学生，对学生所犯错误具有容忍精神。总之，教师的创新素质犹如阳光雨露般滋养着学生，促进学生创新素质的发展。

四、教师创新素质的培养

教师的创新素质是创新教育实施的保障，但是教师的创新素质能否培养呢？创造学的基本原则是"凡人皆有创造力，创造力的水平可经训练而提高"。同理，教师的创新素质也是可以通过培养而发展起来的。教师创新素质的培养既受外在因素的影响，也受教师个人因素的影响。

（一）从外在因素看，教师的创新素质与其所处的环境有密切关系

教师创新素质发展的环境可分为宏观环境和学校的微观环境。当前我国宏观的教育环境是倡导创新教育，这对教师的创新素质提出了现实的要求，如课程改革指出教师是课程资源的拥有者和开发者、是课程的决策者与实施者，而不是单纯的执行者，这就要求教师要创造地性去面对教育教学中的新要求。从学校教育环境看，教师总是处在一定的学校环境中，学校的创新氛围对教师的创新素质的影响是非常明显的。如果学校仍然实施应试教育，以升学率、考试成绩作为衡量教师工作绩效的唯一标准，教师的创新精神就很难得到发展。因此，在国家倡导创新教育的大环境下，学校也应为教师与学生的创新素质发展营造一个比较宽松、有利的小环境，如学校可以通过制定一些规章制度来鼓励、保护教师的创新精神与创新成果，充分尊重和理解教师的创造性劳动，允许教师在探索过程中有失误，对有独特教学风格且效果明显的教师给予重奖，从而创建每个教师渴望创新，努力创新的良好局面。

(二)从个人角度讲，教师的个人努力是其创新素质发展的关键

外因是变化的条件，内因是变化的根据，外因通过内因而起作用。有了宽松的外部环境，教师个人的主观努力就是其创新素质发展的决定因素了。具体而言，教师可以从如下几个方面努力。

1. 敬业精神

敬业精神是指教师把自己所从事的职业当作神圣的职业，以恭敬严谨的态度去看待职业的一种品质。敬业精神是教师创新素质发展的灵魂。只有忠诚于教育事业，愿意为教育事业奉献的人，才能在教育教学过程中有不懈的追求。我们很难想象一个把教师职业当作谋生手段的人会全心全意地谋求教育创新。

2. 成就动机

成就动机是指一个人总是力求把事情做得更好的内在驱动力。成就动机是一个人创新素质发展的源泉，体现在教师工作中就是关注自身的发展，不甘平庸，把成为专家型教师作为职业目标。这样的动机会推动教师不断发现自己在教育教学工作中的不足，并探索出更好的教育教学手段。

3. 正确的教育观

教育观是教师对教育问题的基本看法，它包括的内容很广泛，如教育价值观、学生观、教学观等。正确的教育观对教师创新素质的发展起积极的作用，是教育创新行为产生的前提条件。创新教育是以促进学生创新素质发展为核心的教育。很难想象，教育观有问题的教师能做出促进学生创新能力发展的教育行为。教师如果认识不到学生的复杂性、独特性、主体性、发展性等，在教学中就会缺乏对学生创新能力发展的关注，就会缺乏有针对性的教学策略。

4. 丰富的知识

丰富的知识为教师创新素质的发展奠定基础。创新从来就不是空洞的，不存在无知识的创新。教师的创新素质发展是在掌握丰富知识的过程中发展的。对于教师来说，知识是其影响学生发展的基本媒介，也是教师的创新活动得以存在的根据。教师应有追求新知的精神，不断地丰富自己。具体而言，教师的知识应包括精深的专业知识和日常的实践性知识，广博的知识能帮助教师高效

地完成教育教学任务，这些知识形态能够使教师在教育教学中游刃有余。从许多成功教师的身上，可以很明显地看出知识对其创造性的教育教学活动的影响。因此，要培养创新素质，教师自身必须是一个勤奋且善于用脑的学习者。

5. 积极探索

教师成为研究者是当代教师教育的一个重要价值取向，也是教师应该明确的角色意识。教师的成长来自探索，创新素质也是在探索活动中发展起来的。可以说，探索是教师创新素质培养发展的有效途径。教师的探索方式主要有教育教学反思、教育科研活动等，其探索活动来自敏锐地发现问题的能力。教育的探索过程不仅有利于教师研究能力的发展和教育教学能力的发展，也有利于教师形成许多创新活动所必需的品质。

创新教育是未来教育发展的必然趋势，未来社会对具有创新素质的教师的需求也越来越迫切。因此，从国家和学校角度看，都应着力培养具有创新素质的教师；从教师个人角度看，教师也应通过自身的不懈努力塑造自己的创新素质，使自己成长为一名有独特风格的创新型教师。

参考文献

1. American Educational Research Association, "Ethical standards of the American educational research association," http://ethics. iit. edu/ecodes/ node/3178, 2017-06-21.

2. Joke Voogt, Natalie Pareja Roblin, "A comparative analysis of international frameworks for 21st century competences: implications for national curriculum policies,"Journal of Curriculum Studies, 2012, 44(3), pp. 299-321.

3. Lee S. Shulman, "Knowledge and teaching: Foundations of the new reform,"Harvard Educational Review, 1987, 57(1), pp. 1-22.

4. Partnership for 21st Century Skills, "Framework for 21st century learning,"http://www. p21. org/our-work/p21-framework, 2017-03-22.

5. Partnership for 21st Century Learning, "Framework for 21st century learning,"http://www. p21. org/our-work/p21-framework, 2017-06-15.

6. Sikula John, Buttery Thomas, & Guytong Edith, Handbook of Research on Teacher Education, New York, Macmillan, 1996, pp. 53-46.

7. The Belmont Report, "Ethical Principles and Guidelines for the Protection of Human Subjects of research," http://ohsr. od. nih. gov/ guidelines/belmont. html, 2017-05-04.

8. Tony Wagner, "Rigor Redefined,"Educational Leadership, 2008, 66 (2), pp. 20-25.

9. Merlin C. Wittrock，Handbook of research on teaching：a project of the American Educational Research Association. New York，Macmillan；London，Collier-Macmillan，1986，p. 217.

10. YongZhao，Kenneth A. Frank，"Factors affecting technology uses in schools：An ecological perspective，"American Educational Research Journal，2003，40(4)，pp. 807-840.

11. 鲍传友：《做研究型教师》，44 页，北京，教育科学出版社，2007。

12. 曹志梅、廉清：《高校教师信息素养现状调查与分析——以徐州师范大学为例》，载《现代情报》，2007，27(11)。

13. 陈大伟、孟晓莉：《信息化环境下高校教师信息素养现状及培养策略》，载《现代教育论丛》，2008(9)。

14.《辞海》编辑委员会：《辞海》，2460 页，上海，上海辞书出版社，1999。

15. 崔颖：《农村小学教师信息素养的现状问题与对策研究》，硕士学位论文，山东师范大学，2011。

16. 单丽：《提升中小学教师信息技术应用能力的培训课程开发实践》，载《中国电化教育》，2015(2)。

17. 邓小平：《邓小平文选》第 2 卷，87 页，北京，人民出版社，1994。

21. 董艳、桑国元、蔡敬新：《师范生 TPACK 知识的实证研究》，载《教师教育研究》，2014，26(3)。

18. 杜丽姣、边霞：《美国教育研究伦理审查制度及启示》，载《教育科学》，2016，32(5)。

19. 范媛媛：《中小学教师信息素养评价标准的研究和设计》，硕士学位论文，吉林大学，2006。

20. 伏秋平：《浅论高校教师的信息素养》，载《教育与职业》，2006(14)。

21. 甘蓉：《网络环境下的教学设计》，载《价值工程》，2013(12)。

22. 古丽萍、李森：《教师教育研究能力现状调查与对策研究——以乐山市中区小学教师为例》，载《基础教育》，2009(11)。

23. 顾小清：《教师专业发展：在线学习共同体的作用》，载《开放教育研究》，2003(2)。

24. 郭晓娟：《开展教育科研提高教师素质》，载《晋中学院学报》，2006，23(3)。

25. 何济玲：《基于 Web2.0 的教师在线学习共同体的构建与运行机制研究》，载《中国教育信息化》，2014(10)。

26. 何克抗：《如何实现信息技术与教育的"深度融合"》，载《课程·教材·教法》，2014(2)。

27. 何晓玲：《信息化教育背景下教师的信息素养内涵分析》，载《继续教育研究》，2009(4)。

28. 黄荣怀：《关于教育信息化的思考——兼谈转型期的教育信息化建设》，载《中国教育信息化》，2008(20)。

29. 黄荣怀：《基础教育信息化的核心价值：创新与变革》，载《中国教育信息化》，2008(20)。

30. 焦建利、钟洪蕊：《技术—教学法—内容知识(TPACK)研究议题以及进展》，载《远程教育杂志》，2010(1)。

31. 康晓伟：《教师教育者：内涵、身份认同及其角色研究》，载《教师教育研究》，2012，24(1)。

32. 康玥媛、吴立宝：《中小学教师信息技术应用能力现状调查研究》，载《天津师范大学学报(基础教育版)》，2016，17(3)。

33. 雷超阳：《浅析教师教育科研能力的培养》，载《长沙通信职业技术学校学报》，2004(03)。

34. 李定仁：《论教学研究》，载《教育研究》，2000(11)。

35. 李伟、林建香：《信息技术教师教学信念与教学行为关系的调查研究》，载《电化教育研究》，2012(9)。

36. 林秀瑜、杨琳：《基于教师信息技术应用能力提升的网络研修策略研究》，载《中国电化教育》，2015(7)。

36. 刘峰：《中小学教师信息技术应用能力远程培训有效性研究》，载《中国电化教育》，2016(7)。

38. 刘济良、王洪席：《"慕课"之于大学教学变革：价值与限度》，载《教育研究》，2015(8)。

39. 刘鹂、马建华：《西部贫困地区中小学教师信息素养状况的调查研究》，载《电化教育研究》，2005(5)。

40. 赵小雅：《第二届全国教研系统负责人联席工作会议召开》，载《中国教育报》，2013-12-31。

41. 刘庆文：《试论高校教师信息素养的培养》，载《科技情报开发与经济》，2006，16(23)。

42. 刘如平、曲苒、徐长林：《农村教师教学研究能力提高的快捷之路》，载《当代教师教育》，2010，03(2)。

43. 刘瑞子、任训学、雷体南：《湖北省农村中小学教师信息素养现状调查研究》，载《中国教育信息化》，2016(10)。

44. 刘晓静：《基于"课例研修"的中学信息技术教师教学研究能力发展研究》，硕士学位论文，河北师范大学，2015。

45. 陆亚丽、张艳：《基于教育信息化的教师信息素养培养》，载《教育理论与实践》，2015(22)。

46. 马宁、余胜泉：《信息技术与课程整合的层次》，载《中小学信息技术教育》，2002(Z1)。

47. [美]约翰·杜威：《我们怎样思维·经验与教育》，228 页，北京，人民教育出版社，1991。

48. 孟晓莉、朱缨：《信息化教育环境下高职教师信息素养提升策略研究》，载《江苏教育研究》，2015(27)。

49. 米久奇：《小学教师教育研究能力的培养》，载《湖南教育》，2005(11)。

50. 齐双爱：《发展小学英语教师教学研究能力的研究》，硕士学位论文，华中师范大学，2016。

51. 桑国元：《国外 21 世纪学生发展核心素养的讨论及启示》，载《教育科学研究》，2016(12)。

52. 桑国元、董艳：《论"互联网＋"时代教师信息素养内涵演进及其提升策略》，载《电化教育研究》，2016(11)。

53. 桑国元：《班主任行动研究的路与思》，载《班主任》，2017(7)。

54. 沈小碚、段志佳：《城镇小学教师信息素养调查研究》，载《教师教育学报》，2017，4(1)。

55. 石里克：《普通认识论》，155－169 页，北京，商务印书馆，2005。

56. 孙汉群：《教育信息化与教师信息素养》，载《中国教育信息化》，2011(12)。

57. 孙立文：《息技术与学科教学整合模式的类型和特点》，载《中国电化教育》，2004(1)。

58. 王轶、石纬林、崔艳辉：《"互联网＋"时代青年教师信息素养研究》，载《中国电化教育》，2017(3)。

59. 王英迪：《长春地区农村中小学教师信息素养培养策略研究》，硕士学位论文，东北师范大学，2006。

60. 文雯：《英国教育研究伦理的规范和实践及对我国教育研究的启示》，载《外国教育研究》，2011(8)。

61. 吴刚平、余闻婧：《论教师的研究意识》，载《中国教育学刊》，2010(12)。

62. 肖桐、杨磊、易连云：《义务教育阶段教师信息化教学能力的多维测度研究》，载《当代教育科学》，2016(8)。

63. 辛涛、申继亮、林崇德：《从教师的知识结构看师范教育的改革》，载《高等师范教育研究》，1999(6)。

64. 薛家苗：《高中地理教师教学研究能力现状与策略研究——以江苏省

为例》，硕士学位论文，华中师范大学，2016。

65. 杨茂庆、孙杰远：《聚焦于教育研究能力的教师教育模式探析》，载《教育研究》，2012(12)。

66. 于士忠：《提高教师研究能力的几个途径》，载《中国教育报》，2012-05-10。

67. 张进良、李保臻：《大数据背景下教师数据素养的内涵、价值与发展路径》，载《电化教育研究》，2015(7)。

68. 张玲：《教育科学研究中的伦理问题》，载《当代教育论坛》，2007(5)。

69. 张小亚、张亚利：《从"教书匠"到"教育者"谈中学教师的教学研究能力》，载《新课程研究》，2009(6)。

70. 赵一璇：《小学教师信息伦理道德现状调查与分析》，硕士学位论文，辽宁师范大学，2012。

71. 钟启泉：《"课堂互动"研究：意蕴与课题》，载《教育研究》，2010(10)。

72. 钟志贤：《面向终身学习：信息素养的内涵、演进与标准》，载《中国远程教育：综合版》，2013(8)。

73. 周辉、郑健：《"互联网＋"时代高校教师信息素养的现状及提升策略》，载《中国成人教育》，2016(14)。

74. 朱永新：《专业阅读造就幸福教师》，载《中国教育报》，2016-10-17。

75. 祝智庭、顾小清：《信息素养：信息技术教育的核心》，载《中小学信息技术教育》，2002(1)。

76. 祝智庭、闫寒冰：《〈中小学教师信息技术应用能力标准（试行）〉解读》，载《电化教育研究》，2015(9)。